On ne badine pas avec l'amour

MUSSET

On ne badine pas avec l'amour

●

PRÉSENTATION
NOTES
DOSSIER
CHRONOLOGIE
BIBLIOGRAPHIE MISE À JOUR (2015)
par Gérard Gengembre

GF Flammarion

ISBN : 978-2-0813-5455-5

S'il faut en croire son frère Paul, Alfred de Musset écrivit *On ne badine pas avec l'amour* au printemps 1834, à son retour de Venise. Depuis juillet 1833, Musset et George Sand sont amants. Ils décident de partir en Italie et se mettent en route le 12 décembre. Arrivés à Venise le 30, ils s'y installent. George Sand a été malade pendant le voyage ; elle travaille beaucoup en janvier, pendant que Musset visite la ville. Le 4 février, il tombe malade à son tour, atteint d'une typhoïde nerveuse. Son amante le soigne avec dévouement et fait appel à un jeune médecin italien, Pagello, dont elle devient la maîtresse. Musset s'en aperçoit, ce qui donne lieu à plusieurs scènes violentes. Guéri, il part pour Paris le 29 mars, et, dès son retour, écrit à George Sand. Une tendre correspondance s'engage alors. Accompagnée de Pagello, George Sand rentrera à Paris le 14 août et les amours des deux écrivains reprendront. Avant le départ pour Venise, Musset avait commencé *On ne badine pas avec l'amour*, amorçant la première scène, composée en vers. Il laisse cette ébauche à Venise, et George Sand la lui renvoie le 17 avril. Devant compléter *Un spectacle dans un fauteuil* pour Buloz, directeur de la *Revue des Deux-Mondes*, (« Je ne sais comment faire [...] une malheureuse comédie [...] dont je lui dois déjà le prix... J'enrage, mais qu'y faire [1] ? »), Musset reprend son texte, le réécrit en prose

---

1. Alfred de Musset, lettre à George Sand, 19 avril 1834, in *Correspondances* (1827-1857), Genève, Slatkine Reprints, 1977.

et compose la pièce en mai et juin. On peut donc dire que l'imprégnation autobiographique et les échos du drame vénitien présentent un caractère circonstanciel et ne sont pas à l'origine de la pièce, même si la lutte des sexes et des orgueils, l'opposition de l'amour du couple et de l'infidélité lui confèrent sa gravité. En revanche, le sentiment de renaissance qu'éprouve Musset s'exprime dans le thème de la nature bucolique.

MUSSET ET LE PROVERBE

En partie marquée par cette crise sentimentale, la pièce n'en est pas moins redevable d'influences diverses. Traitant du dépit amoureux, elle s'inscrit également dans une longue tradition, dont font partie *Le Dépit amoureux* et *La Princesse d'Élide* de Molière, voire son *Dom Juan*. Le XVIIIᵉ siècle semble cependant plus proche des préoccupations et du ton de la pièce. On songe naturellement à Marivaux, ainsi qu'à la veine anticléricale des Lumières, et à *La Nouvelle Héloïse*, où les romantiques trouvent une conception de l'amour proche de leurs inclinations, celle que Perdican développe à la fin de l'acte II. Il faudrait également ajouter le *Werther* de Goethe et le thème du retour au pays natal (voir dossier, p. 120). Si d'autres influences allemandes se font sentir, celle de Shakespeare est également assez nette, d'autant que Musset était un fervent lecteur du barde anglais (voir dossier, p. 122). La critique a rapproché l'atmosphère de la pièce et celle de la féerie shakespearienne, telle qu'on peut l'apprécier par exemple dans *Comme il vous plaira*. Sans négliger les souvenirs de couvent de George Sand, il se peut enfin qu'un roman de celle-ci, *André*, dont Musset corrigeait les épreuves, ait marqué la pièce.

Outre les influences littéraires déjà citées, les divertissements offerts par les petits théâtres que fréquentait Musset ont certainement joué un rôle dans la conception et la constitution de *On ne badine pas avec l'amour*. On cite notamment une comédie de Victor Ducange, *Agathe ou l'Éducation et le Naturel* (1831), où l'héroïne fraîche émoulue du couvent a peur des hommes et refuse le mariage, avant d'être conquise par son cousin, le tout dans une atmosphère de fête et en présence d'un chœur d'invités. De même, *Malvina* de Scribe (1828) met en scène un chœur de paysans, un jeune homme repoussé par sa prétendue et une cousine pauvre qui l'aime en silence.

Le titre est une maxime empreinte de sagesse populaire. On relève d'autres emplois littéraires de ce proverbe : il avait déjà été utilisé par Calderón avec *No hay hurlas con el amor* (*On ne plaisante pas avec l'amour*). Un proverbe de Leclercq, *La Scène double* (1823), porte en sous-titre *Il ne faut pas badiner avec le feu*, le feu représentant la comédie de l'amour. On trouve dans la traduction de *Clarisse Harlowe*, célèbre roman de Richardson : « L'amour est un feu avec lequel on ne badine pas impunément [1]. » Une réplique des *Amours du chevalier de Faublas*, roman libertin de Louvet, a également été évoquée : « On ne badine pas avec le cœur [2]. » Avant *On ne badine pas avec l'amour*, Musset lui-même avait déjà fait d'une expression proverbiale le titre d'une pièce, ou plutôt d'un poème dialogué : *Les Marrons du feu, La Coupe et les lèvres* (1829 et 1832).

Le proverbe est un genre très en vogue dans les salons, depuis la fin du XVIIIe siècle. Dès le XVIIe siècle, les habitués d'un salon avaient coutume d'improviser quelques scènes sur un canevas simple. Les auditeurs devaient alors s'amuser à découvrir le proverbe ainsi mis en spectacle. Le succès de ce jeu de société fut tel qu'on rédigea et publia des canevas, et même de véritables saynètes (les

1. Cité par Simon Jeune, *in* Musset, *Théâtre complet*, Gallimard, « Bibliothèque de la Pléiade », 1990, p. 1046.
2. Cité par Maurice Allem, *in* *Théâtre de Musset*, Gallimard, « Bibliothèque de la Pléiade », 1958, p. 1375.

premières qui nous soient parvenues furent publiées en 1699). Le jeu initial, résoudre une énigme, disparut progressivement, et le proverbe devint un véritable genre et une comédie de salon, l'expression proverbiale devenant le titre, le sous-titre ou le mot de la fin.

La première apparition sur une scène théâtrale d'un proverbe daterait de 1768. Certains auteurs se spécialisèrent dans ce type de production : Carmontelle (1717-1806) composa des *Proverbes dramatiques* (1773), où l'on trouve des abbés pique-assiette, et Théodore Leclercq (1777-1855) publia entre 1823 et 1836 les *Proverbes dramatiques*, « scènes de babil déliées et légères » selon Sainte-Beuve. Carmontelle définit ainsi le proverbe : « Une espèce de comédie, que l'on fait en inventant un sujet ou en se servant de quelques traits, quelque historiette [...]. Dans ces dialogues, je n'ai cherché à mettre que le ton [...] de la vérité [1]. » Mettant en scène la société française de la Restauration et de la monarchie de Juillet, « moraliste indulgent et critique enjoué » (Mérimée), Leclercq pousse le genre aussi loin que les contraintes le permettent. Le proverbe se joue en effet « terre-à-terre dans un salon, des paravents tenant lieu de décorations, point d'illusion théâtrale. Renfermé dans un cadre étroit, l'auteur ne peut donner à son ouvrage assez de développement pour amener des situations fortes ou nouer une intrigue compliquée. Vous compenserez ces désavantages par des détails bien étudiés, des caractères soutenus [2]... »

Le passage à la comédie proprement dite est le fait de Dittmer et Cavé (*Soirées de Neuilly*, 1827), de Romieu (*Proverbes dramatiques*, 1827), d'Alfred de Vigny (*Quitte pour la peur*, 1833, dont l'un des personnages s'appelle Rosette) et d'Alfred de Musset, qui déploie à l'intérieur de ce genre son univers poétique. Après *On ne badine pas*

---

1. Carmontelle, préface des *Proverbes dramatiques*, 1773, cité par Jules Guex, *Le Théâtre et la société française de 1815 à 1848*, Genève, Slatkine Reprints, 1973, p. 148-159

2. J-B Sauvage, préface de ses *Proverbes dramatiques*, 1828, cité par Jules Guex, *Le Théâtre et la société française de 1815 à 1848, op. cit*

avec l'amour, Musset composera plusieurs proverbes : *Il ne faut jurer de rien, Il faut qu'une porte soit ouverte ou fermée, On ne saurait penser à tout.* On peut y joindre *Un caprice* et *L'Âne et le ruisseau.*

STRUCTURES ET REPRÉSENTATION

Bien que n'étant pas destinée à être jouée dans l'immédiat, la pièce est structurée en trois actes. Les scènes permettent de contrebalancer cette impression de rigidité : elles varient en nombre (les deux premiers actes en comportent cinq et le dernier huit), en ampleur, et épousent le mouvement régulier des personnages qui entrent et sortent.

L'acte I est un acte d'exposition. L'intrigue imaginée par le Baron semble tourner court, avec l'annonce du conflit entre les jeunes gens, alors que s'ébauche une idylle entre Perdican et Rosette. La part des fantoches est importante, ainsi que la présence du chœur. La bouffonnerie l'emporte dans cet acte assez lent, où il y a peu d'action.

Acte I : arrivée de Blazius et de dame Pluche qui annoncent au chœur la venue prochaine de deux jeunes gens dont l'éducation est terminée, Perdican et sa cousine Camille (scène 1). Le Baron, père de Perdican, a prévu de les marier et a réglé tous les détails de leur rencontre. Cette première entrevue échoue, Camille répondant très froidement à l'empressement admiratif de Perdican (scène 2). Dame Pluche et Blazius, cachés, écoutent la deuxième entrevue des jeunes gens. Perdican tente une nouvelle fois de séduire Camille, qui se dérobe. Ils se séparent fâchés. Dame Pluche prend le parti de Camille, mais le Baron est gravement déçu (scène 3). Retrouvant le paysage de son enfance et exprimant son émotion, Perdican aperçoit à sa fenêtre Rosette, sœur de lait de Camille, et l'invite au château (scène 4). Blazius révèle au Baron l'ivrognerie du curé Bridaine, lequel vient à son tour dénoncer Perdican, qui polissonne dans le village en compagnie de Rosette. Le baron ne sait plus que penser (scène 5).

L'acte II présente à deux reprises un apparent dénouement, aux scènes 1 et 5 : Camille et Perdican semblent se quitter à jamais. Le chœur a disparu, et les fantoches vont eux aussi s'effacer à la scène 5, le véritable centre de la pièce. La comédie pourrait se terminer là, sans drame, sur les adieux de Camille et de Perdican. Cependant, la nécessité de faire tomber les masques appelle une suite.

Acte II : lors de leur troisième entrevue, Camille déclare à Perdican qu'elle ne l'épousera pas et refuse de donner ses raisons. Apparemment résigné, Perdican la quitte. Piquée de cette indifférence, Camille lui fait parvenir un billet par dame Pluche (scène 1). Bridaine est jaloux des privilèges et honneurs dont jouit Blazius (scène 2). Perdican courtise Rosette, mais laisse percer sa mélancolie (scène 3). Ayant surpris dame Pluche portant le billet, Blazius dénonce Camille au Baron, l'accusant d'entretenir une correspondance secrète. Le Baron sait de moins en moins que penser (scène 4). Au bord d'une fontaine, a lieu la quatrième entrevue des jeunes gens. Camille annonce à Perdican sa décision de prendre le voile. Elle exprime sa peur de l'amour humain, que défend le jeune homme (scène 5).

Le dernier acte apparaît comme le vrai dénouement retardé par la fausse conclusion de l'acte II. Réapparus au début, les fantoches et le chœur cèdent la place aux principaux protagonistes. La comédie se transforme en tragédie, notamment grâce à l'accélération du tempo.

Acte III : le Baron chasse Blazius. Dans un monologue, Perdican se demande s'il est ou non amoureux de Camille (scène 1). Blazius supplie en vain Bridaine de le faire rentrer en grâce. Il tente alors d'intercepter une lettre de Camille pour justifier les accusations qu'il avait portées précédemment. Perdican le surprend et s'empare de la missive. La lisant, il en retire l'impression que Camille se joue de lui. Blessé, il décide de donner un rendez-vous à sa cousine et d'y courtiser Rosette (scène 2). En présence de Camille cachée, Perdican conte fleurette à Rosette et jette dans la fontaine la bague que lui avait donnée sa cousine (scène 3). Dépitée, Camille ne veut plus partir (scène 4). Bridaine dénonce au Baron les avances de Perdican à Rosette (scène 5). C'est alors la cinquième entrevue entre Camille et Perdican. Camille cache Rosette dans sa chambre et se montre provocante avec Perdican, pour l'amener à se déclarer La jeune paysanne s'évanouit et Perdican décide de l'épouser (scène 6). Persiflant, Camille tente de le dissuader. À son tour, Rosette le supplie de renoncer à son projet, mais Perdican s'obstine (scène 7). Lors de leur dernière entrevue, Camille, qui, bouleversée, priait, et Perdican s'avouent enfin leur amour. Rosette, qui les a entendus, meurt. Camille dit adieu à Perdican (scène 8).

On ne badine pas avec l'amour est d'abord paru dans la *Revue des Deux-Mondes* le 1er juillet 1834, avec le sous-titre de *Proverbe*, puis en volume chez Renduel, dans *Un spectacle dans un fauteuil*. La comédie est rééditée en 1840 dans les *Comédies et Proverbes* chez Charpentier. Remaniée par Paul de Musset, le frère d'Alfred, elle est créée le 18 novembre 1861 à la Comédie-Française, après quelques démêlés avec la censure. Les décors sont ramenés de quinze à trois, un par acte (salle d'entrée du château, paysage sur la lisière d'un bois, petit salon au château), les entrées et sorties des personnages sont expliquées par des ajouts, toute formule pouvant sembler hostile à la religion ou choquante pour la moralité est supprimée. D'autres répliques sont adoucies. Blazius devient un précepteur laïc, et Bridaine un tabellion. Si l'on en croit Delaunay, qui jouait le rôle de Perdican, le public fut déconcerté : « Le succès ne vint pas tout de suite… Les chœurs à l'antique du premier acte, certaines originalités et un style jugé trop poétique pour une comédie en prose trouvèrent des détracteurs. » Quant à la critique, elle hésita. Cependant, la pièce sut s'imposer.

En 1910, une adaptation pour la scène lyrique fut représentée à l'Opéra-Comique, sur une musique de Gabriel Pierné, en trois actes et en vers, poème de Louis-Leloir et Gabriel Nigoud. Après avoir été montée à l'Odéon en 1917, la version originale fut reprise à la Comédie-Française le 8 janvier 1923, grâce au plateau tournant inventé par Charles Granval qui permit de lever l'obstacle des nombreux changements de décors. Elle demeure aujourd'hui l'une des pièces de Musset les plus jouées. Saint-Saëns (1917), Henry Barraud (1936) et Arthur Honegger (1951) ont écrit une musique de scène. Le rôle de Camille a été interprété par de grandes actrices : Julia Bartet, Marie Bell, Lise Delamare, Hélène Perdrière, Simone Valère, Suzanne Flon, Isabelle Huppert... Quant à celui de Perdican, il a été servi par Le Bargy, Pierre Fresnay, Jean Yonnel, Julien Bertheau, Jean Desailly, Didier Haudepin... L'interprétation de Gérard Philipe reste peut-être la plus célèbre, lors des représentations du Théâtre national populaire en 1959, avec une mise en scène de René Clair. Sylvie jouait dame Pluche, Georges Wilson, le Baron, Suzanne Flon, Camille. Parmi les mises en scène les plus marquantes, on peut également citer celles de la Compagnie Renaud-Barrault (1951), de la Comédie de l'Ouest (Festival du Marais, 1964), de l'Athénée (1965), des Bouffes du Nord (1977), du Théâtre de l'Est parisien (1979).

TYPES ET CARACTÈRES

LE CHŒUR

Dans le théâtre antique, le chœur évoluait sur scène en commentant l'action. Ici, il semble réduit à un seul personnage parlant au nom des paysans qui l'entourent et se rapproche du coryphée du chœur antique. Il s'exprime néanmoins tantôt au singulier, tantôt au pluriel. Le chœur n'est pas une nouveauté chez Musset, qui l'a déjà utilisé dans *La Coupe et les lèvres*, et il figure assez souvent dans les pièces légères de l'époque. On se souviendra aussi qu'il se trouve dans les prologues de Shakespeare. En 1861, on imagina de le dédoubler en un chœur des jeunes gens et un chœur des vieillards. En effet, on peut y voir aussi bien des gens cultivés s'amusant à parodier le latin, des vieillards ayant fait sauter le petit Perdican sur leurs genoux, des hommes et femmes expérimentés craignant pour Rosette, des gens d'âge mûr livrant leur connaissance du monde, des jeunes gens faisant des ricochets avec Perdican.

Il n'a pas ici la fonction antique de séparer par une pause lyrique les moments de la progression dramatique (Aristote définit l'épisode – équivalent de l'acte – comme « une partie complète de la tragédie qui se trouve entre des chants complets du chœur [1] »), mais conserve le rôle de commentateur. Au-delà, il assure l'exposition, assumant en outre de nombreuses didascalies. Il crée pour ainsi dire l'espace théâtral au début de la pièce. Il montre les ficelles du spectacle, et nous rappelle sans cesse que nous sommes au théâtre. On peut parler de fonction métathéâtrale.

On voit qu'il participe à la mise en place de l'action et s'en éloigne dès lors que la mécanique amoureuse est lancée. Il se contente de formuler des vœux de bonheur. Sa voix n'influe pas sur le cours des événements. Témoin, il forme la conscience du village et se rapproche alors du spectateur, en quelque sorte déguisé, comme l'auteur peut-être, en paysan. Cette position de témoin ne l'empêche pas d'être juge. Raillant les grotesques, il prend parti pour Perdican, au nom d'une morale de la nature. Voix du passé, il parle pour l'enfance, l'innocence,

---

1. Aristote, *La Poétique*, Seuil, 1980, p. 75.

la fraîcheur. Le chœur est aussi un cœur. Un lien quasi familial l'unit à Perdican.

Mais sa voix est poétique. Sa langue en effet n'a rien à voir avec celle qu'on attribue souvent aux paysans. Riche en métaphores, elle se différencie du badinage et de la langue comique des grotesques. Cette différence va de pair avec une position intermédiaire du chœur, situé entre le monde des grotesques et celui des héros, entre le comique et le tragique.

LA PART DES FANTOCHES

De l'italien *fantoccio* (poupée), et désignant à l'origine des marionnettes, le terme de fantoches définit ici une catégorie de personnages comiques caractérisés par leur incapacité à être pris au sérieux. À la fois surdéterminés tant dans leur comportement que dans leur langage et vides, ils se réduisent à la pantomime du paraître. Musset met en scène de tels personnages dans ses comédies de 1833 et 1834 mais c'est dans *On ne badine pas avec l'amour* qu'ils sont les plus nombreux. Il s'agit du père, le Baron, et de ses satellites : gouverneur et gouvernante. On peut parler d'un fantoche principal et de fantoches annexes qui le réfractent et lui font escorte.

Gens de l'ordre et du château, le Baron, Blazius, le curé Bridaine, ces clercs pansus, et la rugueuse dame Pluche composent un savoureux échantillon de ridicules et de défauts. Blazius et Bridaine font assaut d'ivresse, de goinfrerie et de cuistrerie, encourant tour à tour la disgrâce d'un Baron, chef d'orchestre qui ne contrôle plus rien, qui ne comprend rien à la situation ni aux atermoiements amoureux des jeunes gens, homme de l'abstraction absurde et de la précision oiseuse, toujours prêt à démissionner sitôt que les circonstances démentent ses minutieuses prévisions. Dame Pluche, quant à elle, exhibe, avec ses os pointus et sa silhouette anguleuse, une acariâtre dévotion, et brandit les interdits dictés par de désuètes convenances et une morale conventionnelle étouffante. Les fantoches arborent des noms grotesques. Aux trois « B » répond Pluche, épluchée jusqu'à l'os, décharnée, proche de l'allégorie de la mort. Fixés une fois pour toutes, ces personnages sont condamnés à la répétition et à l'enfermement dans leur fonction. Stéréotypé, leur comportement évoque celui des maniaques et traduit leurs obsessions : la vertu pour dame Pluche, l'ordre pour le Baron, la nourriture pour Blazius et Bridaine.

Comme l'a montré Robert Mauzi[1], les fantoches représentent dramatiquement soit une forme de pouvoir dérisoire et tenu en échec par les sentiments et les réactions des autres personnages, soit une nouvelle mouture des personnages traditionnels du valet, du confident, du précepteur ou de la gouvernante, tantôt satellite, tantôt perturbateur. Ils peuvent être des traîtres dégradés. Ainsi Blazius, Bridaine et Pluche sont-ils des mouchards. Le fantoche est toujours stylisé et investi d'une fonction sociale, qui lui confère son peu de réalité. Vaniteux, égocentrique, il reçoit des camouflets. Il en conçoit de l'effarement et du scandale. Son langage le définit entièrement. Composé de clichés, celui-ci s'oppose au langage de la pensée authentique. En cela, il est étranger à la véritable condition humaine, dont il caricature la solitude et l'impénétrabilité des consciences.

Anti-héros, ils ne peuvent comprendre les héros de la pièce. Ne pouvant être aimés, ils ne conçoivent pas l'amour. Si le chœur figure la conscience de l'action, ils en sont le contrepoint. Plus profondément, ils représentent ce à quoi s'opposent les valeurs des héros et à quoi ils demeurent étrangers. La stupidité, l'égoïsme et l'étroitesse des bouffons renvoient les héros à leur distinction ou à leur pureté, mais caractérisent du même coup les fantoches comme un public imbécile, incapable d'apprécier l'intensité du drame qui se noue. Ils figurent

---

1. « Les fantoches d'Alfred de Musset », in *Revue d'histoire littéraire de la France*, avril-juin 1996, p. 257-282.

donc l'une des formes du grotesque romantique, la plus basse, par opposition au grotesque hugolien célébré dans la préface de *Cromwell* (voir dossier, p. 117). Ils sont au sens propre inanimés, privés d'âme, réduits à une gesticulation et une profération sans cesse réitérées.

LES PERSONNAGES FÉMININS

Vierge morale (« Jamais il n'y a rien eu de si pur, de si ange, de si agneau et de si colombe que cette chère nonnain », dit dame Pluche[1]), on peut la rapprocher de l'héroïne des *Caprices de Marianne*. Toutes deux se trouvent à ce moment critique de la vie des jeunes filles sortant du couvent pour se marier (voir *À quoi rêvent les jeunes filles, Fantasio* ou *Un caprice*). Ce moment est celui d'un affrontement entre l'idéal, le rêve d'absolu et les contraintes de la vie réelle, conflit qui finit par faire renoncer à l'exigence d'une passion pure au bénéfice de l'embourgeoisement. La pièce développe donc un itinéraire, qui est en même temps une révélation progressive. Insaisissable énigme au début, Camille adopte une série de masques avant de laisser éclater son amour dans la scène finale.

Rosette est proche de la bergère de pastorale et de la paysanne de comédie, sans toutefois se confondre avec ces types. Pauvre innocente, fille au cœur pris, elle fait figure de victime, et sa mort entraîne le malheur des jeunes gens. Caractérisée par la fraîcheur, l'ignorance, l'ingénuité, la confiance, la simplicité, la fidélité, c'est un personnage tout de tendresse et d'émotion, qui incarne les vertus de la nature : sa mort signifie aussi l'irrémédiable perte de l'enfance et des illusions. Disposée à aimer, éloignée du savoir savant, timide mais point sotte, elle est avant tout raisonnable et attachée à sa réputation, son seul bien. Rien ne la prédispose au tragique, où elle se trouve entraînée. Jouet de Perdican, puis de Camille,

---

1. *On ne badine pas avec l'amour*, acte I, sc. 1.

elle succombe sous l'effet du langage, cet instrument de la duplicité, de la jalousie, de l'amour-propre, de la coquetterie et des jeux cruels. Rosette est soumise à la fatalité. Instrument des amoureux, elle ne peut comprendre les sous-entendus, les conventions de la galanterie, les manipulations.

Si la distinction fantoches/chœur/personnages vivants est canonique, peut-on opposer un clan des hommes à celui des femmes ? Les personnages féminins présentent une spécificité autre : seules les femmes appartiennent à tous les groupes, quels que soient les clivages considérés. Fantoche (Pluche), contaminée par la perversion des discours et des idées, en bref de la culture (Camille, Louise), préservée de cette perversion et liée à la nature (Rosette), protagoniste présent ou absent (Louise), objet de représentation (la grand-tante), la femme dans la pièce se trouve démultipliée en autant de figures liées par une indéniable parenté.

Au-delà des trop habituelles considérations sur la « vérité » des portraits de jeunes filles, tellement fraîches et gracieuses, ou plus généralement sur les femmes, « êtres charmants et indéfinissables [1] » pour… le Baron, les discours de Camille exposent, sinon la cause des femmes, du moins leur condition dans la société. Enfin, la femme, par sa position, mais aussi peut-être par sa « nature », semble être associée au mensonge et au jeu. Les femmes sont d'abord les figures d'un destin. Camille se définit par rapport à différents modèles : celui de sa grand-tante la conduit à se référer au type plus général de la femme trompée. Elle se revendique alors comme vierge et, contre l'idée du mariage, et plus largement contre les relations amoureuses avec les hommes, elle envisage de devenir l'épouse du Christ. Enfin, Camille se situe également par rapport à dame Pluche, femme sans sexe, sorte de doublure repoussoir. De manière plus subtile, elle prend position en fonction de son amie Louise :

---

1. *Ibid.*, acte I, sc. 2.

« J'ai pour amie une sœur qui n'a que trente ans [1]... » À cette sœur d'élection répond Rosette, la sœur de lait, qui est encore une enfant. Or ces deux sœurs meurent d'amour, l'une symboliquement par l'enfermement au couvent, l'autre réellement, comme si leur destin condamnait les femmes à la douleur.

Les personnages féminins sont en quête d'absolu. Ils font d'abord don de soi par la foi dans les mots et les promesses. Camille entend donc se préserver par la méfiance à l'égard du langage. Elle refuse de souffrir et veut ainsi échapper à son destin. Elle se révèle moins personnage féminin principal que figure féminine centrale. Prise entre un passé aboli dont Rosette lui offre une image à ses yeux dévalorisée (aussi l'appelle-t-elle « mon enfant », ou « pauvre fille [2] »), image de son enfance et d'une foi naïve dans les sentiments et leur expression, et un avenir que lui représentent la figure tutélaire de la grand-tante et la communauté religieuse, flanquée d'une gouvernante chez qui toute féminité a disparu (remarquons le paradigme de la sécheresse et de la stérilité chez dame Pluche), Camille a l'illusion d'avoir déjà vécu le destin de toute femme (« j'avais fini par me créer une vie imaginaire [3] »). Elle identifie son destin à l'amour, mais elle en change le destinataire. L'amour reste l'aboutissement de l'être féminin. Musset reprend ici à son compte toute une idéologie de la femme, ou plutôt il l'utilise pour conférer à Camille une complexité plus exploitable d'un point de vue dramatique.

La pièce met en effet en scène une véritable guerre des sexes. Comme l'affirme Camille, « Quand on cherche [un homme de cœur], on est effrayé de sa solitude [4] ». En demandant « Combien de fois un honnête homme peut-il aimer [5] ? », elle dénonce l'infidélité masculine, opposée à

---

1. *Ibid.*, acte II, sc. 5.
2. *Ibid.*, acte III, sc. 6.
3. *Ibid.*, acte II, sc. 5.
4. *Ibid.*, acte III, sc. 7.
5. *Ibid.*, acte II, sc. 5.

la constance féminine. Elle désigne alors un ennemi, contre lequel il est légitime d'utiliser différentes stratégies d'autodéfense : la coquetterie contre le donjuanisme, la sincérité contre le double jeu, et même cette arme ultime, l'annulation de sa propre féminité. Camille devient alors un personnage du masque, la dissimulation étant une défense. Non seulement elle joue la comédie à l'autre, mais elle se la joue à elle-même. Son jeu n'exclut cependant pas l'idéal de la vérité : « Êtes-vous sûr que tout mente dans une femme, lorsque sa langue ment [1] ? » Elle en appelle à l'intelligence de l'autre, à sa capacité à déchiffrer la langue féminine, qui ne passe pas seulement par les mots. À l'opposé, Rosette est incapable de duplicité, de perfidie, de coquetterie : « Hélas, monsieur le docteur, je vous aimerai comme je pourrai [2]. »

Condamnées à se conformer à ce que leur nature et leur condition leur imposent, les femmes usent donc de leurs armes non pour vaincre, mais pour aimer. Là s'arrêterait le « féminisme » de Musset. La femme est liée à l'amour, mais dans la pièce, celui-ci ne peut s'accomplir. Le mensonge, le stratagème ou la sincérité ne parviennent plus à faire advenir l'accomplissement heureux ni à assurer à temps la transparence des cœurs. Une vérité tragique se fait jour, dont les femmes paient le prix le plus élevé.

Tout le drame organise la nécessaire défaite de l'innocence. La pureté apparaît insupportable. Il faut abolir l'enfance. Pourtant, il n'est point de salut hors de l'amour, cette « chose sainte et sublime [3] ». Camille doit en convenir, quitte à mettre Dieu de son côté : « [Dieu] veut bien que je t'aime [4]. » Camille tire la leçon : « Nous avons joué avec la vie et avec la mort [5]. » Le monde des femmes n'oppose plus à celui des hommes la force de sa

---

1. *Ibid.*, acte III, sc. 6.
2. *Ibid.*, acte II, sc. 3.
3. *Ibid.*, acte II, sc. 5.
4. *Ibid.*, acte III, sc. 8.
5. *Ibid.*, acte III, sc. 8.

raison, de son droit et de ses ruses (voir *Le Mariage de Figaro*). Les sacrifices accomplis aboutissent à la douleur sans issue. Parlera-t-on d'une défaite des femmes ? Sans doute… Mais celle de Camille est identique à celle de Perdican. En érigeant l'amour comme idéal, tous deux expriment à la fois la seule raison et l'impossibilité de vivre.

PERDICAN

Perdican n'a rien d'un pédant, malgré ses diplômes. Il revient chez lui pour reprendre vie. L'amour pour Camille pourrait être alors la conjugaison de l'enfance et du bonheur amoureux. Son goût pour la nature n'est pas feint, ni celui pour la vie des humbles. Spontané et énergique, enthousiaste, ayant conservé intactes en lui certaines vertus de l'enfance, Perdican possède plusieurs des traits que le romantisme attribue au jeune homme (voir dossier, p. 114). Intelligent, il s'interroge cependant sur son être, tout en s'efforçant de se définir en fonction d'un idéal. À la foi de Camille, à son désir de repli dans les certitudes de la religion et l'exaltation de l'amour divin, il oppose la « sève du monde tout-puissant [1] ». L'amour apparaît chez lui autant un sentiment sincère, qu'une force énergétique et une aspiration à construire sa vie comme une vocation. S'il donne l'impression d'en savoir beaucoup plus sur l'amour que Camille (n'a-t-il pas déjà eu des maîtresses ?), il n'est pas aussi savant qu'on l'aurait pu croire. À l'inverse, Camille, en dépit de ses handicaps, apparaîtra plus fine que celui qui entendait être son rusé bourreau.

Tout dévoué à la cause de l'amour, cette chose « sainte et sublime », il comprend mal ses propres sentiments. L'amour pour Camille n'est-il pas d'abord attirance pour le souvenir de son enfance ? Ne souffre-t-il pas vraiment

---

1. *Ibid.*, acte III, sc. 3.

à l'annonce de son départ alors qu'il affecte l'indifférence ? Déteste-t-il ensuite Camille quand l'amour est au cœur même de son dépit ? Une partie de lui n'aime-t-elle pas vraiment Rosette lors même qu'il l'utilise contre Camille ? Ne connaissant pas son propre désir, Perdican est toujours trahi par lui-même et ne trouve sa vérité que trop tard, une vérité qui le rapproche de Camille, dont au fond il partage l'idéalisme et le réalisme. Peut-être la contradiction la plus vive se trouve-t-elle en dernière analyse entre son esprit critique qui le conduit à une conception sceptique, voire pessimiste, de l'humanité, et ses élans spontanés. En cela, il illustre cette dynamique romantique de l'être, partagé entre l'idéalisme et la dénonciation, entre les vertus sans cesse réaffirmées de l'amour et le mal du siècle (voir dossier, p. 120-126), entre la poésie du cœur et la prose du monde.

Un drame poétique

On prend le risque en parlant de poésie de se cantonner à des considérations oiseuses sur l'ineffable, la vaporeuse légèreté, les délices de la suggestion, etc. Il convient donc de définir l'objet. Dans une pièce de théâtre, la poésie tient à tous les éléments : langage, décor, ambiance... Il s'agit d'une qualité spécifique de l'irréel, d'une dimension de la théâtralité.

Dans le cas de *On ne badine pas avec l'amour*, en dehors du rapport que cette pièce entretient avec deux fragments en vers initialement écrits – sans grande importance – et des occurrences de vers blancs, bien insuffisantes pour nous autoriser à pointer une « poésie » formelle dans le texte, les considérations obligées sur la liberté inhérente au *Spectacle dans un fauteuil* importent mais ne doivent pas occulter l'atmosphère féerique proche des comédies shakespeariennes, ni le recours aux thèmes et procédés romantiques, ni la présence de l'humour et d'une pratique ludique du langage, ni surtout les jeux de l'amour et de la mort. Il vaut donc mieux examiner la mise en place des éléments théâtraux analysés dans leur production d'effets, la structuration et les connotations des composantes symboliques de l'action et du discours, l'inscription du texte théâtral dans l'univers des mythes de l'expérience humaine.

La poésie procède d'abord de ce que l'on pourrait appeler les jeux de la féerie et de la déréalisation. En effet, le décor se caractérise par une érosion des contours, le vague, l'imprécision. La convention du décor théâtral est en quelque sorte exhibée, pour mieux multiplier les signes harmonieux d'une nature idéalisée et d'un château de comédie, tous deux marqués par les souvenirs de l'enfance. Tout cède à la fluidité, en particulier la discrétion des didascalies, la naissance du décor par la parole, l'art des correspondances entre décor et personnages. Le choix des personnages participe de la même intention déréalisante : un chœur, des fantoches, des jeunes gens entrant dans la vie. Le temps obéit à une logique poétique, puisque les trois journées apparaissent comme le rythme des états d'âme (voir dossier, p. 105). La fantaisie généralisée et la prééminence de l'ironie contribuent à l'unité poétique par le ton qu'elles impriment. En outre, la pièce offre comme nous l'avons vu un intéressant mélange des genres, constituant une poésie des contrastes : on passe du burlesque à la tragédie, le caractère absurde des fantoches s'oppose au marivaudage, le sérieux du débat aux jeux parodiques.

Plus profondément, on décèle aisément dans *On ne badine pas avec l'amour* une imprégnation romantique. Une série de thèmes s'y déploient : la poésie de la nostalgie et du paradis perdu, le bucolisme, le sentiment ou la quête de la nature. On est sensible à une dimension lyrique de la pièce, où les héros aspirent à l'absolu et au sublime. L'apologie de l'amour domine, mais elle se heurte au piège des mots, par lequel se travestissent les cœurs. Les artifices de la séduction s'opposent à l'exigence de sincérité. Ce romantisme tend vers le pessimisme. La pièce met en scène les obstacles à la loi et à la voix du cœur : la tyrannie de l'amour-propre, la prison des codes sociaux, le poids de l'autorité. La loi du cœur équivaut donc à une quête d'authenticité, de vérité et de liberté. Le tragique naît du sacrifice de l'innocence et définit le bonheur comme impossible, la pièce se termine sur la mort du sentiment, qui n'est autre qu'une mort symbolique de Camille et de Perdican, ajoutée à celle de Rosette.

Si *On ne badine pas avec l'amour* commence comme un jeu littéraire, multipliant les effets comiques, nés du burlesque et de la satire, laquelle ne recule pas devant l'anticléricalisme, si des éléments farcesques y abondent, le mélange des genres cher aux dramaturges romantiques est particulièrement maîtrisé (voir dossier, p. 126). D'une part, le plaisant et le sérieux alternent à l'intérieur d'une même scène. D'autre part, la pièce évolue vers le drame. Cette évolution procède de l'approfondissement de la thématique amoureuse et de l'aggravation de deux conflits : entre Camille et Perdican, entre l'orgueil et la nature. Les personnages vivants se prennent au piège des malentendus. Si les marionnettes bouffonnes redoublent cette incompréhension par leur stupidité, le thème privilégié demeure l'erreur sur soi. Ce sujet classique, combiné à la version romantique du moi, éclaire le dénouement comme révélation trop tardive de la vérité des êtres, que leur jeunesse ne sauve pas.

Jeune fille intransigeante, à la virginité inquiète – alors que Perdican a eu son éducation sentimentale –, Camille, jouant la prude, la coquette et la boudeuse, refuse de céder à l'entraînement du cœur, moins par caprice orgueilleux – encore que son orgueil joue un rôle certain – que par conception absolutiste de l'amour. Exprimant l'exigence d'absolu propre aux personnages de Musset, elle entend mesurer l'amour humain à l'aune de l'amour divin, tant par crainte de la souffrance que par volonté d'échapper au destin de sœur Louise : « Je veux aimer mais je ne veux pas souffrir. Je veux aimer d'un amour éternel, et faire des serments qui ne se violent pas [1]. » Si Perdican, qui ne croit pas à la vie immortelle, fait de l'amour humain la plus haute et la plus tangible des valeurs, Camille rejette tout ce qui est relatif, temporaire, soumis à la loi du changement. Dès lors, elle se réfugie dans l'amour du Christ. Mais cette perspective ne correspond nullement à une vocation : elle procède d'une vision négative et restrictive du monde et des hommes, vision qui lui a été inculquée par des infirmes au cœur meurtri dans cette prison ou ce tombeau qu'est le couvent.

À cet anticléricalisme discrètement pathétique, conjugué à une critique plus farcesque générée par la figure de Bridaine, s'oppose la force symbolique de l'oratoire où s'épanchent les cœurs mais où est blessée à mort une innocente bafouée. En jouant avec l'amour, en oubliant la fragilité d'une Rosette impliquée malgré elle dans une querelle d'amoureux dépités, Perdican a tué, avec la complicité de Camille. La dernière réplique, « Elle est morte. Adieu Perdican », rappelle l'adieu final des *Caprices de Marianne*. Au poids mort des fantoches représentent une humanité rigide, ossifiée, s'ajoute donc celui des préjugés et de l'amour-propre, qui déterminent les erreurs fatales. Deux formes du mensonge s'additionnent dans un monde régi par la bêtise. Le marivaudage tragique combine le sublime de l'amour qui ne demande qu'à s'épanouir et le tragique qui envahit peu à peu le dernier acte, traduit notamment par l'intériorisation du drame chez ces « deux insensés (qui) ont joué avec la vie et la mort [2] ». Ceux-ci se révèlent excellents duellistes, s'affrontant à coup d'arguments et de logiques. Ne pouvant convertir l'autre à ses vues – qui ne sont en fait nullement contradictoires, nous l'avons déjà souligné –,

---

1. *Ibid.*, acte II, sc. 5.
2. *Ibid.*, acte III, sc. 8.

chacun reste sur ses positions jusqu'à ce que se fasse entendre l'irrépressible voix du cœur, également voix de la nature, seule solution à un conflit sans issue discursive. Musset fait d'ailleurs céder Camille par épuisement, au terme d'une lutte avec Perdican, mais surtout avec elle-même. Sans force, elle tombe dans les bras de celui qu'elle a finalement toujours aimé, mais cette faiblesse ne lui garantit rien, et en tout cas pas un avenir rassurant. La mort de Rosette, si elle rend l'union impossible, laisse cependant la question posée de savoir si ces jeunes gens pouvaient s'aimer éternellement. Faut-il dès lors s'en tenir au *carpe diem* ?

S'il est possible de localiser la poésie dans la légèreté, la liberté du rythme et du ton, la pratique ludique du langage, on peut préférer la situer avant tout dans la gravité. L'ironie dans *On ne badine pas avec l'amour*, si elle dénonce la langue de bois de l'amour-propre et des faux-semblants, suggère en même temps l'amertume d'une perte irrémédiable, celle d'une langue pure, d'une transparence des cœurs, d'une fidélité à l'origine. Se retrouve ainsi l'une des dimensions les plus profondes du romantisme. De l'humour à la désespérance (voir dossier, p. 120), s'accomplit un trajet emblématique de l'expérience romantique propre à Musset.

Gérard GENGEMBRE.

On ne badine pas avec l'amour

[Proverbe]

PERSONNAGES

LE BARON.
PERDICAN [1], son fils.
MAÎTRE BLAZIUS, gouverneur de Perdican.
MAÎTRE BRIDAINE, curé.
CAMILLE, nièce du Baron.
DAME PLUCHE, sa gouvernante.
ROSETTE, sœur de lait de Camille.
Paysans, valets, etc.

---

1. Musset transpose le nom d'un personnage du *Décaméron* de Boccace, Perdicone.

ACTE I

Scène 1

Une place devant le château

LE CHŒUR. – Doucement bercé sur sa mule fringante, messer [1] Blazius [2] s'avance dans les bluets [3] fleuris, vêtu de neuf, l'écritoire au côté. Comme un poupon sur l'oreiller, il se ballotte [4] sur son ventre rebondi, et les yeux à demi fermés, il marmotte un *Pater noster* [5] dans son triple menton. Salut, maître Blazius ; vous arrivez au temps de la vendange, pareil à une amphore [6] antique.

MAÎTRE BLAZIUS. – Que ceux qui veulent apprendre une nouvelle d'importance, m'apportent ici premièrement un verre de vin frais.

LE CHŒUR. – Voilà notre plus grande écuelle ; buvez, maître Blazius, le vin est bon ; vous parlerez après.

MAÎTRE BLAZIUS. – Vous saurez, mes enfants, que le jeune Perdican, fils de notre seigneur, vient d'atteindre à

---

1. Il s'agit du mot italien *messere* : « Vieux mot qui signifie messire et qui n'a guère été d'usage que dans le style marotique » (Littré). Après Rabelais, les classiques l'ont utilisé dans le style plaisant. Par exemple, La Fontaine : *messer lion, messer loup, messer Gaster*. Diderot écrit également *messer Gaster* dans *Le Neveu de Rameau*.
2. Nom de plusieurs savants de Flandre et d'Allemagne. Un pédant porte ce nom dans *Le Capitaine Fracasse* de Théophile Gautier (1863).
3. Bleuets. Nous sommes à l'époque des vendanges, et non plus à celle des bleuets.
4. Emploi plaisant du pronominal.
5. Il s'agit de la prière du *Notre Père*.
6. Vase à deux anses, de forme ovoïde.

sa majorité, et qu'il est reçu docteur [1] à Paris. Il revient
aujourd'hui même au château, la bouche toute pleine de
façons de parler si belles et si fleuries, qu'on ne sait que
lui répondre les trois quarts du temps. Toute sa gracieuse
personne est un livre d'or [2] ; il ne voit pas un brin d'herbe
à terre, qu'il ne vous dise comment cela s'appelle en
latin ; et quand il fait du vent ou qu'il pleut, il vous dit
tout clairement pourquoi. Vous ouvririez des yeux
grands comme la porte que voilà, de le voir dérouler un
des parchemins qu'il a coloriés d'encres de toutes cou-
leurs, de ses propres mains et sans en rien dire à personne. Enfin, c'est un diamant fin des pieds à la tête, et
voilà ce que je viens annoncer à M. le Baron. Vous sentez
que cela me fait quelque honneur, à moi, qui suis son
gouverneur [3] depuis l'âge de quatre ans ; ainsi donc, mes
bons amis, apportez une chaise que je descende un peu
de cette mule-ci sans me casser le cou ; la bête est tant
soit peu rétive, et je ne serais pas fâché de boire encore
une gorgée avant d'entrer.

LE CHŒUR. – Buvez, maître Blazius, et reprenez vos
esprits. Nous avons vu naître le petit Perdican, et il n'était
pas besoin, du moment qu'il arrive, de nous en dire si
long. Puissions-nous retrouver l'enfant dans le cœur de
l'homme !

MAÎTRE BLAZIUS. – Ma foi, l'écuelle est vide ; je ne
croyais pas avoir tout bu. Adieu ; j'ai préparé, en trottant
sur la route, deux ou trois phrases sans prétention qui
plairont à monseigneur ; je vais tirer la cloche.

Il sort.

---

1. Il a soutenu sa thèse de doctorat.
2. À Venise, livre sur lequel étaient inscrits en lettres d'or les noms
des familles nobles. Par extension, livre où sont écrits des noms ou des
faits illustres.
3. Précepteur qui, dans les familles aisées, dirigeait l'éducation d'un
ou plusieurs garçons. Les filles avaient une gouvernante, comme dame
Pluche.

LE CHŒUR. – Durement cahotée sur son âne essouf-
flé, dame Pluche gravit la colline ; son écuyer transi gour-
dine [1] à tour de bras le pauvre animal, qui hoche la tête,
un chardon entre les dents. Ses longues jambes maigres
trépignent de colère, tandis que, de ses mains osseuses,
elle égratigne son chapelet. Bonjour donc, dame Pluche ;
vous arrivez comme la fièvre, avec le vent qui fait jaunir
les bois.

DAME PLUCHE. – Un verre d'eau, canaille que vous
êtes ; un verre d'eau et un peu de vinaigre.

LE CHŒUR. – D'où venez-vous, Pluche, ma mie ? Vos
faux cheveux sont couverts de poussière ; voilà un
toupet [2] de gâté, et votre chaste robe est retroussée jusqu'à vos vénérables jarretières.

DAME PLUCHE. – Sachez, manants, que la belle
Camille, la nièce de votre maître, arrive aujourd'hui au
château. Elle a quitté le couvent sur l'ordre exprès de
monseigneur, pour venir en son temps et lieu recueillir,
comme faire se doit, le bon bien qu'elle a de sa mère.
Son éducation, Dieu merci, est terminée, et ceux qui la
verront auront la joie de respirer une glorieuse [3] fleur de
sagesse et de dévotion. Jamais il n'y a rien eu de si pur,
de si ange, de si agneau et de si colombe que cette chère
nonnain [4] ; que le Seigneur Dieu du ciel la conduise !
Ainsi soit-il. Rangez-vous, canaille ; il me semble que j'ai
les jambes enflées.

LE CHŒUR. – Défripez-vous, honnête Pluche, et
quand vous prierez Dieu, demandez de la pluie ; nos blés
sont secs comme vos tibias.

---

1. Bat à coups de bâton, de gourdin.
2. Faux cheveux en touffe sur le dessus de la tête.
3. Qui a part à la gloire divine.
4. Cas régime en ancien français de *nonne*. Sens archaïque à valeur
comique ici : « Synonyme, qui ne se dit que par plaisanterie, de
"nonne" » (Littré).

DAME PLUCHE. – Vous m'avez apporté de l'eau dans une écuelle qui sent la cuisine ; donnez-moi la main pour descendre ; vous êtes des butors [1] et des malappris.

Elle sort.

LE CHŒUR. – Mettons nos habits du dimanche, et attendons que le Baron nous fasse appeler. Ou je me trompe fort, ou quelque joyeuse bombance est dans l'air d'aujourd'hui.

Ils sortent.

Scène 2

Le salon du Baron
Entrent le Baron, maître Bridaine et maître Blazius

LE BARON. – Maître Bridaine, vous êtes mon ami ; je vous présente maître Blazius, gouverneur de mon fils. Mon fils a eu hier matin, à midi huit minutes, vingt et un ans comptés ; il est docteur à quatre boules blanches [2]. Maître Blazius, je vous présente maître Bridaine, curé de la paroisse ; c'est mon ami.

MAÎTRE BLAZIUS, *saluant.* – À quatre boules blanches, seigneur ; littérature, botanique, droit romain [3], droit canon [4].

LE BARON. – Allez à votre chambre, cher Blazius, mon fils ne va pas tarder à paraître ; faites un peu de toilette, et revenez au coup de la cloche.

---

1. Familièrement, hommes stupides, grossiers, maladroits (Littré). Le butor est un oiseau échassier.
2. « Dans certains examens, boule blanche, témoignage complet de satisfaction ; boule noire, boule qui rejette l'examiné » (Littré). On utilisait aussi des boules rouges : passable Perdican a donc pleinement réussi.
3. Étude de la législation des Romains, fondement du droit français.
4. Droit ecclésiastique fondé sur la connaissance des lois de l'Église, les lois canoniques.

Maître Blazius sort.

MAÎTRE BRIDAINE. – Vous dirai-je ma pensée, monseigneur ? Le gouverneur de votre fils sent le vin à pleine bouche.

LE BARON. – Cela est impossible.

MAÎTRE BRIDAINE. – J'en suis sûr comme de ma vie ; il m'a parlé de fort près tout à l'heure ; il sentait le vin à faire peur.

LE BARON. – Brisons là ; je vous répète que cela est impossible. *Entre dame Pluche.* Vous voilà, bonne dame Pluche ? Ma nièce est sans doute avec vous ?

DAME PLUCHE. – Elle me suit, monseigneur, je l'ai devancée de quelques pas.

LE BARON. – Maître Bridaine, vous êtes mon ami. Je vous présente la dame Pluche, gouvernante de ma nièce. Ma nièce est depuis hier, à sept heures de nuit, parvenue a l'âge de dix-huit ans. Elle sort du meilleur couvent de France. Dame Pluche, je vous présente maître Bridaine, curé de la paroisse ; c'est mon ami.

DAME PLUCHE, *saluant.* – Du meilleur couvent de France, seigneur, et je puis ajouter : la meilleure chrétienne du couvent.

LE BARON. – Allez, dame Pluche, réparer le désordre où vous voilà ; ma nièce va bientôt venir, j'espère ; soyez prête à l'heure du dîner.

Dame Pluche sort.

MAÎTRE BRIDAINE. – Cette vieille demoiselle paraît tout à fait pleine d'onction [1].

LE BARON. – Pleine d'onction et de componction [2], maître Bridaine ; sa vertu est inattaquable.

---

1. De douceur attrayante.
2. Regret d'avoir offensé Dieu ; gravité, recueillement. Le Baron croit peut-être que ce mot est un superlatif d'*onction*, à moins qu'il ne fasse un jeu de mots. Les deux mots ont ici une valeur ironique.

MAÎTRE BRIDAINE. – Mais le gouverneur sent le vin ; j'en ai la certitude.

LE BARON. – Maître Bridaine ! Il y a des moments où je doute de votre amitié. Prenez-vous à tâche de me contredire ? Pas un mot de plus là-dessus. J'ai formé le dessein de marier mon fils avec ma nièce ; c'est un couple assorti ; leur éducation me coûte six mille écus [1].

MAÎTRE BRIDAINE. – Il sera nécessaire d'obtenir des dispenses [2].

LE BARON. – Je les ai, Bridaine ; elles sont sur ma table, dans mon cabinet [3]. Ô mon ami, apprenez maintenant que je suis plein de joie. Vous savez que j'ai eu de tout temps la plus profonde horreur de la solitude. Cependant la place que j'occupe, et la gravité de mon habit, me forcent à rester dans ce château pendant trois mois d'hiver, et trois mois d'été. Il est impossible de faire le bonheur des hommes en général, et de ses vassaux en particulier, sans donner parfois à son valet de chambre l'ordre rigoureux de ne laisser entrer personne. Qu'il est austère et difficile, le recueillement de l'homme d'État ! et quel plaisir ne trouverai-je pas à tempérer, par la présence de mes deux enfants réunis, la sombre tristesse à laquelle je dois nécessairement être en proie depuis que le roi m'a nommé receveur [4] !

MAÎTRE BRIDAINE. – Ce mariage se fera-t-il ici, ou à Paris ?

LE BARON. – Voilà où je vous attendais, Bridaine ; j'étais sûr de cette question. Eh bien ! mon ami, que diriez-vous si ces mains que voilà, oui, Bridaine, vos propres mains, ne les regardez pas d'une manière aussi

---

1. Pièces de monnaie en argent valant cinq francs.
2. Perdican et Camille étant cousins germains, il leur faut être dispensés de la règle de l'Église qui interdit ce genre de mariage.
3. Lieu où l'on se retire pour travailler.
4. Probablement receveur des impôts.

piteuse, étaient destinées à bénir solennellement l'heureuse confirmation de mes rêves les plus chers ? Hé ?

MAÎTRE BRIDAINE. – Je me tais ; la reconnaissance me ferme la bouche.

LE BARON. – Regardez par cette fenêtre ; ne voyez-vous pas que mes gens se portent en foule à la grille ? Mes deux enfants arrivent en même temps ; voilà la combinaison la plus heureuse. J'ai disposé les choses de manière à tout prévoir. Ma nièce sera introduite par cette porte à gauche, et mon fils par cette porte à droite. Qu'en dites-vous ? Je me fais une fête de voir comment ils s'aborderont, ce qu'ils se diront ; six mille écus ne sont pas une bagatelle, il ne faut pas s'y tromper. Ces enfants s'aimaient d'ailleurs fort tendrement dès le berceau. – Bridaine, il me vient une idée.

MAÎTRE BRIDAINE. – Laquelle ?

LE BARON. – Pendant le dîner, sans avoir l'air d'y toucher, – vous comprenez, mon ami, – tout en vidant quelques coupes joyeuses, – vous savez le latin, Bridaine.

MAÎTRE BRIDAINE. – *Ita edepol* [1] : pardieu, si je le sais !

LE BARON. – Je serais bien aise de vous voir entreprendre [2] ce garçon, – discrètement, s'entend, – devant sa cousine ; cela ne peut produire qu'un bon effet ; – faites-le parler un peu latin, – non pas précisément pendant le dîner, – cela deviendrait fastidieux, et quant à moi, je n'y comprends rien ; – mais au dessert, – entendez-vous ?

MAÎTRE BRIDAINE. – Si vous n'y comprenez rien, monseigneur, il est probable que votre nièce est dans le même cas.

---

1. « Oui, par Pollux ! », juron latin ou formule de serment réservée aux hommes.
2. Inciter à parler, à montrer ses connaissances.

LE BARON. – Raison de plus ; ne voulez-vous pas qu'une femme admire ce qu'elle comprend ? D'où sortez-vous, Bridaine ? Voilà un raisonnement qui fait pitié.

MAÎTRE BRIDAINE. – Je connais peu les femmes ; mais il me semble qu'il est difficile qu'on admire ce qu'on ne comprend pas.

LE BARON. – Je les connais, Bridaine ; je connais ces êtres charmants et indéfinissables. Soyez persuadé qu'elles aiment à avoir de la poudre dans les yeux, et que plus on leur en jette, plus elles les écarquillent, afin d'en gober davantage.

> *Perdican entre d'un côté, Camille de l'autre.*

Bonjour, mes enfants ; bonjour, ma chère Camille, mon cher Perdican ! Embrassez-moi, et embrassez-vous.

PERDICAN. – Bonjour, mon père, ma sœur bien-aimée ! Quel bonheur ! que je suis heureux !

CAMILLE. – Mon père et mon cousin, je vous salue.

PERDICAN. – Comme te voilà grande, Camille ! et belle comme le jour.

LE BARON. – Quand as-tu quitté Paris, Perdican ?

PERDICAN. – Mercredi, je crois, ou mardi. Comme te voilà métamorphosée en femme ! Je suis donc un homme, moi ! Il me semble que c'est hier que je t'ai vue pas plus haute que cela.

LE BARON. – Vous devez être fatigués ; la route est longue et il fait chaud.

PERDICAN. – Oh ! mon Dieu, non. Regardez donc, mon père, comme Camille est jolie !

LE BARON. – Allons, Camille, embrasse ton cousin.

CAMILLE. – Excusez-moi [1].

---

1. Formule de refus poli.

LE BARON. – Un compliment vaut un baiser ; embrasse-la, Perdican.

PERDICAN. – Si ma cousine recule quand je lui tends la main, je vous dirai à mon tour : Excusez-moi ; l'amour peut voler un baiser, mais non pas l'amitié.

CAMILLE. – L'amitié ni l'amour ne doivent recevoir que ce qu'ils peuvent rendre.

LE BARON, *à maître Bridaine.* – Voilà un commencement de mauvais augure ; hé ?

MAÎTRE BRIDAINE, *au Baron.* – Trop de pudeur est sans doute un défaut ; mais le mariage lève bien des scrupules.

LE BARON, *à maître Bridaine.* – Je suis choqué, – blessé. – Cette réponse m'a déplu. – *Excusez-moi !* Avez-vous vu qu'elle a fait mine de se signer ? – Venez ici, que je vous parle. – Cela m'est pénible au dernier point. Ce moment qui devait m'être si doux est complètement gâté. – Je suis vexé, – piqué [1]. – Diable ! voilà qui est fort mauvais.

MAÎTRE BRIDAINE. – Dites-leur quelques mots ; les voilà qui se tournent le dos.

LE BARON. – Eh bien ! mes enfants, à quoi pensez-vous donc ? Que fais-tu là, Camille, devant cette tapisserie ?

CAMILLE, *regardant un tableau.* – Voilà un beau portrait, mon oncle. N'est-ce pas une grand-tante à nous ?

LE BARON. – Oui, mon enfant, c'est ta bisaïeule [2], – ou du moins, – la sœur de ton bisaïeul, – car la chère dame n'a jamais concouru, – pour sa part, je crois, autrement qu'en prières, – à l'accroissement de la famille. – C'était, ma foi, une sainte femme.

---

1. Irrité, agacé, vexé.
2. Mère de l'aïeul ou de l'aïeule, autrement dit du grand-père ou de la grand-mère.

CAMILLE. – Oh ! oui, une sainte ! c'est ma grand-tante Isabelle. Comme ce costume religieux lui va bien !

LE BARON. – Et toi, Perdican, que fais-tu là devant ce pot de fleurs ?

PERDICAN. – Voilà une fleur charmante, mon père. C'est un héliotrope [1].

LE BARON. – Te moques-tu ? elle est grosse comme une mouche.

PERDICAN. – Cette petite fleur grosse comme une mouche a bien son prix.

MAÎTRE BRIDAINE. – Sans doute ! le docteur a raison ; demandez-lui à quel sexe, à quelle classe elle appartient ; de quels éléments elle se forme, d'où lui viennent sa sève et sa couleur ; il vous ravira en extase en vous détaillant les phénomènes de ce brin d'herbe, depuis la racine jusqu'à la fleur.

PERDICAN. – Je n'en sais pas si long, mon révérend. Je trouve qu'elle sent bon, voilà tout.

Scène 3

Devant le château
Entre le chœur

LE CHŒUR. – Plusieurs choses me divertissent et excitent ma curiosité. Venez, mes amis, et asseyons-nous sous ce noyer. Deux formidables dîneurs sont en ce moment en présence au château, maître Bridaine et maître Blazius. N'avez-vous pas fait une remarque ? c'est que lorsque deux hommes à peu près pareils, également gros, également sots, ayant les mêmes vices et les mêmes passions, viennent par hasard à se rencontrer, il faut

---

1. Plante dont les fleurs violettes sont très odorantes.

nécessairement qu'ils s'adorent ou qu'ils s'exècrent. Par la raison que les contraires s'attirent, qu'un homme grand et desséché aimera un homme petit et rond, que les blonds recherchent les bruns, et réciproquement, je prévois une lutte secrète entre le gouverneur et le curé. Tous deux sont armés d'une égale impudence ; tous deux ont pour ventre un tonneau ; non seulement ils sont gloutons, mais ils sont gourmets ; tous deux se disputeront à dîner, non seulement la quantité, mais la qualité. Si le poisson est petit, comment faire ? et dans tous les cas une langue de carpe ne peut se partager, et une carpe ne peut avoir deux langues. *Item* [1], tous deux sont bavards ; mais à la rigueur ils peuvent parler ensemble sans s'écouter ni l'un ni l'autre. Déjà maître Bridaine a voulu adresser au jeune Perdican plusieurs questions pédantes, et le gouverneur a froncé le sourcil. Il lui est désagréable qu'un autre que lui semble mettre son élève à l'épreuve. *Item*, ils sont aussi ignorants l'un que l'autre. *Item*, ils sont prêtres tous deux ; l'un se targuera de sa cure, l'autre se rengorgera dans sa charge de gouverneur. Maître Blazius confesse le fils, et maître Bridaine le père. Déjà, je les vois accoudés sur la table, les joues enflammées, les yeux à fleur de tête, secouer pleins de haine leurs triples mentons. Ils se regardent de la tête aux pieds, ils préludent par de légères escarmouches ; bientôt la guerre se déclare ; les cuistreries [2] de toute espèce se croisent et s'échangent ; et, pour comble de malheur, entre les deux ivrognes s'agite dame Pluche, qui les repousse l'un et l'autre de ses coudes affilés [3].

Maintenant que voilà le dîner [4] fini, on ouvre la grille du château. C'est la compagnie qui sort ; retirons-nous à l'écart.

Ils sortent.
Entrent le Baron et dame Pluche.

---

1. De même.
2. Propos pédants et ridicules.
3. Aiguisés, affûtés.
4. Désigne, à l'époque, le repas de midi.

LE BARON. – Vénérable Pluche, je suis peiné.

DAME PLUCHE. – Est-il possible, monseigneur ?

LE BARON. – Oui, Pluche, cela est possible. J'avais compté depuis longtemps, – j'avais même écrit, noté, – sur mes tablettes de poche, – que ce jour devait être le plus agréable de mes jours, – oui, bonne dame, le plus agréable. – Vous n'ignorez pas que mon dessein était de marier mon fils avec ma nièce ; – cela était résolu, – convenu, – j'en avais parlé à Bridaine, – et je vois, je crois voir, que ces enfants se parlent froidement ; ils ne se sont pas dit un mot.

DAME PLUCE. – Les voilà qui viennent, monseigneur. Sont-ils prévenus de vos projets ?

LE BARON. – Je leur en ai touché quelques mots en particulier. Je crois qu'il serait bon, puisque les voilà réunis, de nous asseoir sous cet ombrage propice, et de les laisser ensemble un instant.

Il se retire avec dame Pluche.
Entrent Camille et Perdican.

PERDICAN. – Sais-tu que cela n'a rien de beau, Camille, de m'avoir refusé un baiser ?

CAMILLE. – Je suis comme cela ; c'est ma manière.

PERDICAN. – Veux-tu mon bras, pour faire un tour dans le village ?

CAMILLE. – Non, je suis lasse.

PERDICAN. – Cela ne te ferait pas plaisir de revoir la prairie ? Te souviens-tu de nos parties sur le bateau ? Viens, nous descendrons jusqu'aux moulins ; je tiendrai les rames, et toi le gouvernail.

CAMILLE. – Je n'en ai nulle envie.

PERDICAN. – Tu me fends l'âme. Quoi ! pas un souvenir, Camille ? pas un battement de cœur pour notre enfance, pour tout ce pauvre temps passé, si bon, si doux, si plein de niaiseries délicieuses ? Tu ne veux pas venir voir le sentier par où nous allions à la ferme ?

CAMILLE. – Non, pas ce soir.

PERDICAN. – Pas ce soir ! et quand donc ? Toute notre vie est là.

CAMILLE. – Je ne suis ni assez jeune pour m'amuser de mes poupées, ni assez vieille pour aimer le passé.

PERDICAN. – Comment [1] dis-tu cela ?

CAMILLE. – Je dis que les souvenirs d'enfance ne sont pas de mon goût.

PERDICAN. – Cela t'ennuie ?

CAMILLE. – Oui, cela m'ennuie.

PERDICAN. – Pauvre enfant ! Je te plains sincèrement.

Ils sortent chacun de leur côté.

LE BARON, *rentrant avec dame Pluche*. – Vous le voyez, et vous l'entendez, excellente Pluche ; je m'attendais à la plus suave harmonie, et il me semble assister à un concert où le violon joue *Mon cœur soupire* [2], pendant que la flûte joue *Vive Henri IV* [3].
Songez à la discordance affreuse qu'une pareille combinaison produirait. Voilà pourtant ce qui se passe dans mon cœur.

DAME PLUCHE. – Je l'avoue ; il m'est impossible de blâmer Camille, et rien n'est de plus mauvais ton, à mon sens, que les parties de bateau.

---

1. Dans quel sens ; que veux-tu dire ?
2. Romance que chante Chérubin dans *Les Noces de Figaro* de Mozart (1786).
3. Chanson à boire qui figure dans *La Partie de chasse de Henri IV* (1774) de Charles Collé (1709-1783), devenue hymne des royalistes sous la Restauration.

LE BARON. – Parlez-vous sérieusement ?

DAME PLUCHE. – Seigneur, une jeune fille qui se respecte ne se hasarde pas sur les pièces d'eau.

LE BARON. – Mais observez donc, dame Pluche, que son cousin doit l'épouser, et que dès lors…

DAME PLUCHE. – Les convenances défendent de tenir un gouvernail, et il est malséant de quitter la terre ferme seule avec un jeune homme.

LE BARON. – Mais je répète… je vous dis…

DAME PLUCHE. – C'est là mon opinion.

LE BARON. – Êtes-vous folle ? En vérité, vous me feriez dire… Il y a certaines expressions… que je ne veux pas… qui me répugnent… Vous me donnez envie… En vérité, si je ne me retenais… Vous êtes une pécore [1], Pluche ! Je ne sais que penser de vous.

Il sort.

Scène 4

Une place
Le chœur, Perdican

PERDICAN. – Bonjour, mes amis. Me reconnaissez-vous ?

LE CHŒUR. – Seigneur, vous ressemblez à un enfant que nous avons beaucoup aimé.

PERDICAN. – N'est-ce pas vous qui m'avez porté sur votre dos pour passer les ruisseaux de vos prairies, vous qui m'avez fait danser sur vos genoux, qui m'avez pris en croupe sur vos chevaux robustes, qui vous êtes serrés

---

1. Femme sottement prétentieuse et impertinente.

quelquefois autour de vos tables pour me faire une place au souper de la ferme ?

LE CHŒUR. – Nous nous en souvenons, seigneur. Vous étiez bien le plus mauvais garnement et le meilleur garçon de la terre.

PERDICAN. – Et pourquoi donc alors ne m'embrassez-vous pas, au lieu de me saluer comme un étranger ?

LE CHŒUR. – Que Dieu te bénisse, enfant de nos entrailles ! chacun de nous voudrait te prendre dans ses bras ; mais nous sommes vieux, monseigneur, et vous êtes un homme.

PERDICAN. – Oui, il y a dix ans que je ne vous ai vus, et en un jour tout change sous le soleil. Je me suis élevé de quelques pieds vers le ciel, et vous vous êtes courbés de quelques pouces vers le tombeau. Vos têtes ont blanchi, vos pas sont devenus plus lents ; vous ne pouvez plus soulever de terre votre enfant d'autrefois. C'est donc à moi d'être votre père, à vous qui avez été les miens.

LE CHŒUR. – Votre retour est un jour plus heureux que votre naissance. Il est plus doux de retrouver ce qu'on aime, que d'embrasser un nouveau-né.

PERDICAN. – Voilà donc ma chère vallée ! mes noyers, mes sentiers verts, ma petite fontaine ; voilà mes jours passés encore tout pleins de vie, voilà le monde mystérieux des rêves de mon enfance ! Ô patrie ! patrie ! mot incompréhensible ! l'homme n'est-il donc né que pour un coin de terre, pour y bâtir son nid et pour y vivre un jour [1] ?

---

1. En 1855, Musset reprendra la fin de cette tirade dans une poésie. *Retour* :
   Ô patrie ! ô patrie, ineffable mystère !
   Mot sublime et terrible ! incomparable amour !
   L'homme n'est-il donc né que pour un coin de terre,
   Pour y bâtir son nid, et pour y vivre un jour ?

LE CHŒUR. – On nous a dit que vous êtes un savant, monseigneur.

PERDICAN. – Oui, on me l'a dit aussi. Les sciences sont une belle chose, mes enfants ; ces arbres et ces prairies enseignent à haute voix la plus belle de toutes, l'oubli de ce qu'on sait.

LE CHŒUR. – Il s'est fait plus d'un changement pendant votre absence. Il y a des filles mariées et des garçons partis pour l'armée.

PERDICAN. – Vous me conterez tout cela. Je m'attends bien à du nouveau, mais en vérité je n'en veux pas encore. Comme ce lavoir est petit ! autrefois il me paraissait immense ; j'avais emporté dans ma tête un océan et des forêts, et je retrouve une goutte d'eau et des brins d'herbe. Quelle est donc cette jeune fille qui chante à sa croisée derrière ces arbres ?

LE CHŒUR. – C'est Rosette, la sœur de lait de votre cousine Camille.

PERDICAN, *s'avançant*. – Descends vite, Rosette, et viens ici.

ROSETTE, *entrant*. – Oui, monseigneur.

PERDICAN. – Tu me voyais de ta fenêtre, et tu ne venais pas, méchante fille ? Donne-moi vite cette main-là, et ces joues-là, que je t'embrasse.

ROSETTE. – Oui, monseigneur.

PERDICAN. – Es-tu mariée, petite ? On m'a dit que tu l'étais.

ROSETTE. – Oh ! non.

PERDICAN. – Pourquoi ? Il n'y a pas dans le village de plus jolie fille que toi. Nous te marierons, mon enfant.

LE CHŒUR. – Monseigneur, elle veut mourir fille.

PERDICAN. – Est-ce vrai, Rosette ?

ROSETTE. – Oh ! non.

PERDICAN. – Ta sœur Camille est arrivée. L'as-tu vue ?

ROSETTE. – Elle n'est pas encore venue par ici.

PERDICAN. – Va-t'en vite mettre ta robe neuve, et viens souper au château.

Scène 5

Une salle
Entrent le Baron et maître Blazius

MAÎTRE BLAZIUS. – Seigneur, j'ai un mot à vous dire ; le curé de la paroisse est un ivrogne.

LE BARON. – Fi [1] donc ! cela ne se peut pas.

MAÎTRE BLAZIUS. – J'en suis certain ; il a bu à dîner trois bouteilles de vin.

LE BARON. – Cela est exorbitant.

MAÎTRE BLAZIUS. – Et en sortant de table, il a marché sur les plates-bandes.

LE BARON. – Sur les plates-bandes ? – Je suis confondu. – Voilà qui est étrange ! – Boire trois bouteilles de vin à dîner ! marcher sur les plates-bandes ? c'est incompréhensible. Et pourquoi ne marchait-il pas dans l'allée ?

MAÎTRE BLAZIUS. – Parce qu'il allait de travers.

LE BARON, *à part.* – Je commence à croire que Bridaine avait raison ce matin. Ce Blazius sent le vin d'une manière horrible.

---

1. Interjection marquant le dédain, le mépris.

MAÎTRE BLAZIUS. – De plus, il a mangé beaucoup ; sa parole était embarrassée.

LE BARON. – Vraiment, je l'ai remarqué aussi.

MAÎTRE BLAZIUS. – Il a lâché quelques mots latins ; c'étaient autant de solécismes[1]. Seigneur, c'est un homme dépravé.

LE BARON, *à part*. – Pouah ! ce Blazius a une odeur qui est intolérable. – Apprenez, gouverneur, que j'ai bien autre chose en tête, et que je ne me mêle jamais de ce qu'on boit ni de ce qu'on mange. Je ne suis point un majordome[2].

MAÎTRE BLAZIUS. – À Dieu ne plaise que je vous déplaise, monsieur le Baron ; votre vin est bon.

LE BARON. – Il y a de bon vin dans mes caves.

MAÎTRE BRIDAINE, *entrant*. – Seigneur, votre fils est sur la place, suivi de tous les polissons du village.

LE BARON. – Cela est impossible.

MAÎTRE BRIDAINE. – Je l'ai vu de mes propres yeux. Il ramassait des cailloux pour faire des ricochets.

LE BARON. – Des ricochets ? ma tête s'égare ; voilà mes idées qui se bouleversent. Vous me faites un rapport insensé, Bridaine. Il est inouï qu'un docteur fasse des ricochets.

MAÎTRE BRIDAINE. – Mettez-vous à la fenêtre, monseigneur, vous le verrez de vos propres yeux.

LE BARON, *à part*. – Ô ciel ! Blazius a raison ; Bridaine va de travers.

MAÎTRE BRIDAINE. – Regardez, monseigneur, le voilà au bord du lavoir. Il tient sous le bras une jeune paysanne.

---

1. Fautes de syntaxe.
2. Maître d'hôtel.

LE BARON. – Une jeune paysanne ? Mon fils vient-il ici pour débaucher mes vassales ? Une paysanne sous son bras ! et tous les gamins du village autour de lui ! Je me sens hors de moi.

MAÎTRE BRIDAINE. – Cela crie vengeance.

LE BARON. – Tout est perdu ! – perdu sans ressource ! – Je suis perdu : Bridaine va de travers, Blazius sent le vin à faire horreur, et mon fils séduit toutes les filles du village en faisant des ricochets.

Il sort.

ACTE II

Scène 1

Un jardin
Entrent maître Blazius et Perdican

MAÎTRE BLAZIUS. – Seigneur, votre père est au désespoir.

PERDICAN. – Pourquoi cela ?

MAÎTRE BLAZIUS. – Vous n'ignorez pas qu'il avait formé le projet de vous unir à votre cousine Camille ?

PERDICAN. – Eh bien ? – Je ne demande pas mieux.

MAÎTRE BLAZIUS. – Cependant le Baron croit remarquer que vos caractères ne s'accordent pas.

PERDICAN. – Cela est malheureux ; je ne puis refaire le mien.

MAÎTRE BLAZIUS. – Rendrez-vous par là ce mariage impossible ?

PERDICAN. – Je vous répète que je ne demande pas mieux que d'épouser Camille. Allez trouver le Baron et dites-lui cela.

MAÎTRE BLAZIUS. – Seigneur, je me retire : voilà votre cousine qui vient de ce côté.

Il sort.
Entre Camille.

PERDICAN. – Déjà levée, cousine ? J'en suis toujours pour ce que je t'ai dit hier ; tu es jolie comme un cœur.

CAMILLE. – Parlons sérieusement, Perdican ; votre père veut nous marier. Je ne sais ce que vous en pensez ; mais je crois bien faire en vous prévenant que mon parti est pris là-dessus.

PERDICAN. – Tant pis pour moi si je vous déplais.

CAMILLE. – Pas plus qu'un autre ; je ne veux pas me marier : il n'y a rien là dont votre orgueil doive souffrir.

PERDICAN. – L'orgueil n'est pas mon fait ; je n'en estime ni les joies ni les peines.

CAMILLE. – Je suis venue ici pour recueillir le bien de ma mère ; je retourne demain au couvent.

PERDICAN. – Il y a de la franchise dans ta démarche ; touche là, et soyons bons amis.

CAMILLE. – Je n'aime pas les attouchements [1].

PERDICAN, *lui prenant la main*. – Donne-moi ta main, Camille, je t'en prie. Que crains-tu de moi ? Tu ne veux pas qu'on nous marie ? Eh bien ! ne nous marions pas ; est-ce une raison pour nous haïr ? ne sommes-nous pas le frère et la sœur ? Lorsque ta mère a ordonné ce mariage dans son testament, elle a voulu que notre amitié fût éternelle, voilà tout ce qu'elle a voulu ; pourquoi nous marier ? voilà ta main et voilà la mienne ; et pour qu'elles restent unies ainsi jusqu'au dernier soupir, crois-tu qu'il nous faille un prêtre ? Nous n'avons besoin que de Dieu.

CAMILLE. – Je suis bien aise que mon refus vous soit indifférent.

PERDICAN. – Il ne m'est point indifférent, Camille. Ton amour m'eût donné la vie, mais ton amitié m'en consolera [2]. Ne quitte pas le château demain ; hier, tu as refusé de faire un tour de jardin, parce que tu voyais en

1. Le fait de toucher avec la main. On parle surtout d'attouchements impurs. Le terme appartient au vocabulaire des confesseurs.
2. Me consolera de n'avoir pas obtenu ton amour.

moi un mari dont tu ne voulais pas. Reste ici quelques jours ; laisse-moi espérer que notre vie passée n'est pas morte à jamais dans ton cœur.

CAMILLE. – Je suis obligée de partir.

PERDICAN. – Pourquoi ?

CAMILLE. – C'est mon secret.

PERDICAN. – En aimes-tu un autre que moi ?

CAMILLE. – Non ; mais je veux partir.

PERDICAN. – Irrévocablement ?

CAMILLE. – Oui, irrévocablement.

PERDICAN. – Eh bien ! adieu. J'aurais voulu m'asseoir avec toi sous les marronniers du petit bois, et causer de bonne amitié une heure ou deux. Mais si cela te déplaît, n'en parlons plus ; adieu, mon enfant.

Il sort.

CAMILLE, *à dame Pluche qui entre.* – Dame Pluche, tout est-il prêt ? Partirons-nous demain ? Mon tuteur a-t-il fini ses comptes ?

DAME PLUCHE. – Oui, chère colombe sans tache. Le Baron m'a traitée de pécore hier soir, et je suis enchantée de partir.

CAMILLE. – Tenez ; voilà un mot d'écrit que vous porterez avant dîner, de ma part, à mon cousin Perdican.

DAME PLUCHE. – Seigneur, mon Dieu ! est-ce possible ? Vous écrivez un billet à un homme ?

CAMILLE. – Ne dois-je pas être sa femme ? Je puis bien écrire à mon fiancé.

DAME PLUCHE. – Le seigneur Perdican sort d'ici. Que pouvez-vous lui écrire ? Votre fiancé, miséricorde ! Serait-il vrai que vous oubliez Jésus ?

CAMILLE. – Faites ce que je vous dis, et disposez tout pour notre départ.

Elles sortent.

Scène 2

La salle à manger – On met le couvert
Entre maître Bridaine

MAÎTRE BRIDAINE. – Cela est certain, on lui donnera encore aujourd'hui la place d'honneur. Cette chaise que j'ai occupée si longtemps à la droite du Baron sera la proie du gouverneur. Ô malheureux que je suis ! Un âne bâté[1], un ivrogne sans pudeur, me relègue au bas bout de la table[2] ! Le majordome lui versera le premier verre de Malaga[3] et lorsque les plats arriveront à moi, ils seront à moitié froids et les meilleurs morceaux déjà avalés ; il ne restera plus autour des perdreaux ni choux ni carottes. Ô sainte Église catholique ! Qu'on lui ait donné cette place hier, cela se concevait ; il venait d'arriver ; c'était la première fois, depuis nombre d'années, qu'il s'asseyait à cette table. Dieu ! comme il dévorait ! Non, rien ne me restera que des os et des pattes de poulet. Je ne souffrirai pas cet affront. Adieu, vénérable fauteuil où je me suis renversé tant de fois, gorgé de mets succulents ! Adieu, bouteilles cachetées[4], fumet sans pareil de venaisons[5] cuites à point ! Adieu, table splendide, noble salle à manger, je ne dirai plus le *Benedicite*[6] !

---

1. Un âne avec tout son chargement. Au sens figuré, un ignorant.
2. Extrémité de la table opposée au haut bout, où sont assis, avec le maître de maison, les hôtes à honorer S'y trouvent les invités les moins importants.
3. Vin de liqueur, nommé d'après l'endroit en Espagne où on le produit.
4. Fermées avec un cachet de cire. Elles contiennent du bon vin.
5. Chair de grand gibier, comme le sanglier ou le cerf.
6. En latin « bénissez », prière adressée à Dieu pour lui demander de bénir le repas.

Je retourne à ma cure ; on ne me verra pas confondu parmi la foule des convives, et j'aime mieux, comme César, être le premier au village que le second dans Rome [1].

Il sort.

Scène 3

Un champ devant une petite maison
Entrent Rosette et Perdican

PERDICAN. – Puisque ta mère n'y est pas, viens faire un tour de promenade.

ROSETTE. – Croyez-vous que cela me fasse du bien, tous ces baisers que vous me donnez ?

PERDICAN. – Quel mal y trouves-tu ? Je t'embrasserais devant ta mère. N'es-tu pas la sœur de Camille ? ne suis-je pas ton frère comme je suis le sien ?

ROSETTE. – Des mots sont des mots, et des baisers sont des baisers. Je n'ai guère d'esprit, et je m'en aperçois bien sitôt que je veux dire quelque chose. Les belles dames savent leur affaire, selon qu'on leur baise la main droite ou la main gauche ; leurs pères les embrassent sur le front, leurs frères sur la joue, leurs amoureux sur les lèvres ; moi, tout le monde m'embrasse sur les deux joues, et cela me chagrine.

PERDICAN. – Que tu es jolie, mon enfant !

ROSETTE. – Il ne faut pas non plus [2] vous fâcher pour cela. Comme vous paraissez triste ce matin ! Votre mariage est donc manqué ?

1. Paroles que prononça César en traversant un village des Alpes.
2. Il ne faut pas que ce soit une raison de plus pour...

PERDICAN. – Les paysans de ton village se souviennent de m'avoir aimé ; les chiens de la basse-cour et les arbres du bois s'en souviennent aussi ; mais Camille ne s'en souvient pas. Et toi, Rosette, à quand le mariage ?

ROSETTE. – Ne parlons pas de cela, voulez-vous ? Parlons du temps qu'il fait, de ces fleurs que voilà, de vos chevaux et de mes bonnets[1].

PERDICAN. – De tout ce qui te plaira, de tout ce qui peut passer sur tes lèvres sans leur ôter ce sourire céleste que je respecte plus que ma vie.

Il l'embrasse.

ROSETTE. – Vous respectez mon sourire, mais vous ne respectez guère mes lèvres, à ce qu'il me semble. Regardez donc ; voilà une goutte de pluie qui me tombe sur la main, et cependant le ciel est pur.

PERDICAN. – Pardonne-moi.

ROSETTE. – Que vous ai-je fait pour que vous pleuriez ?

Ils sortent.

Scène 4

Au château
Entrent maître Blazius et le Baron

MAÎTRE BLAZIUS. – Seigneur, j'ai une chose singulière à vous dire. Tout à l'heure, j'étais par hasard dans l'office[2], je veux dire dans la galerie[3] ; qu'aurais-je été

---

1. Coiffes de toile empesée, portées par les paysannes, et dont la forme varie selon les régions.
2. Lieu où l'on prépare le service de table et où se trouvent mets et boissons.
3. Grande salle où se trouvent exposées collections et œuvres d'art.

faire dans l'office ? J'étais donc dans la galerie. J'avais trouvé par accident une bouteille, je veux dire une carafe d'eau ; comment aurais-je trouvé une bouteille dans la galerie ? J'étais donc en train de boire un coup de vin pour passer le temps, et je regardais par la fenêtre, entre deux vases de fleurs qui me paraissaient d'un goût moderne, bien qu'ils soient imités de l'étrusque [1].

LE BARON. – Quelle insupportable manière de parler vous avez adoptée, Blazius ! vos discours sont inexplicables.

MAÎTRE BLAZIUS. – Écoutez-moi, seigneur, prêtez-moi un moment d'attention. Je regardais donc par la fenêtre. Ne vous impatientez pas, au nom du ciel, il y va de l'honneur de la famille.

LE BARON. – De la famille ! voilà qui est incompréhensible. De l'honneur de la famille, Blazius ! Blazius ! Savez-vous que nous sommes trente-sept mâles, et presque autant de femmes, tant à Paris qu'en province ?

MAÎTRE BLAZIUS. – Permettez-moi de continuer. Tandis que je buvais un coup de vin, je veux dire un verre d'eau, pour chasser la digestion tardive, imaginez que j'ai vu passer sous la fenêtre dame Pluche hors d'haleine.

LE BARON. – Pourquoi hors d'haleine, Blazius ? ceci est insolite.

MAÎTRE BLAZIUS. – Et à côté d'elle, rouge de colère, votre nièce Camille.

LE BARON. – Qui était rouge de colère, ma nièce, ou dame Pluche ?

MAÎTRE BLAZIUS. – Votre nièce, seigneur.

---

1. Les vases étrusques, fabriqués par les Étrusques, peuple qui habitait en Italie la région correspondant aujourd'hui à la Toscane, sont des poteries rouges, brunes et noires.

LE BARON. – Ma nièce rouge de colère ! Cela est inouï ; et comment savez-vous que c'était de colère ? Elle pouvait être rouge pour mille raisons ; elle avait sans doute poursuivi quelques papillons dans mon parterre.

MAÎTRE BLAZIUS. – Je ne puis rien affirmer là-dessus, cela se peut ; mais elle s'écriait avec force : Allez-y ! trouvez-le ! faites ce qu'on vous dit ! vous êtes une sotte ! je le veux ! et elle frappait avec son éventail sur le coude de dame Pluche, qui faisait un soubresaut [1] dans la luzerne à chaque exclamation.

LE BARON. – Dans la luzerne ! et que répondait la gouvernante aux extravagances de ma nièce ? car cette conduite mérite d'être qualifiée ainsi.

MAÎTRE BLAZIUS. – La gouvernante répondait : Je ne veux pas y aller ! Je ne l'ai pas trouvé ! Il fait la cour aux filles du village, à des gardeuses de dindons ! Je suis trop vieille pour commencer à porter des messages d'amour ; grâce à Dieu, j'ai vécu les mains pures jusqu'ici. – Et tout en parlant, elle froissait dans ses mains un petit papier plié en quatre.

LE BARON. – Je n'y comprends rien ; mes idées s'embrouillent tout à fait. Quelle raison pouvait avoir dame Pluche pour froisser un papier plié en quatre en faisant des soubresauts dans une luzerne ! Je ne puis ajouter foi à de pareilles monstruosités.

MAÎTRE BLAZIUS. – Ne comprenez-vous pas claire-ment, seigneur, ce que cela signifiait ?

LE BARON. – Non, en vérité, non, mon ami, je n'y comprends absolument rien. Tout cela me paraît une conduite désordonnée, il est vrai, mais sans motif comme sans excuse.

MAÎTRE BLAZIUS. – Cela veut dire que votre nièce a une correspondance secrète.

---

1. Au sens de saut brusque.

LE BARON. – Que dites-vous ? Songez-vous de qui vous parlez ? Pesez vos paroles, monsieur l'abbé.

MAÎTRE BLAZIUS. – Je les pèserais dans la balance céleste qui doit peser mon âme au jugement dernier, que je n'y trouverais pas un mot qui sente la fausse monnaie. Votre nièce a une correspondance secrète.

LE BARON. – Mais songez donc, mon ami, que cela est impossible.

MAÎTRE BLAZIUS. – Pourquoi aurait-elle chargé sa gouvernante d'une lettre ? Pourquoi aurait-elle crié : Trouvez-le ! tandis que l'autre boudait et rechignait ?

LE BARON. – Et à qui était adressée cette lettre ?

MAÎTRE BLAZIUS. – Voilà précisément le *hic*, monseigneur, *hic jacet lepus*[1]. À qui était adressée cette lettre ? à un homme qui fait la cour à une gardeuse de dindons. Or, un homme qui recherche en public une gardeuse de dindons peut être soupçonné violemment d'être né pour les garder lui-même. Cependant il est impossible que votre nièce, avec l'éducation qu'elle a reçue, soit éprise d'un pareil homme ; voilà ce que je dis, et ce qui fait que je n'y comprends rien non plus que vous, révérence parler[2].

LE BARON. – Ô ciel ! ma nièce m'a déclaré ce matin même qu'elle refusait son cousin Perdican. Aimerait-elle un gardeur de dindons ? Passons dans mon cabinet ; j'ai éprouvé depuis hier des secousses si violentes, que je ne puis rassembler mes idées.

Ils sortent.

---

1. « Ici gît le lièvre », expression latine passée en proverbe ; autrement dit, ici réside la difficulté, là est le nœud de l'affaire.
2. Formule de politesse pour s'excuser à l'avance de propos qui pourraient choquer.

Scène 5

Une fontaine dans un bois
Entre Perdican, lisant un billet

PERDICAN. – « Trouvez-vous à midi à la petite fontaine... » Que veut dire cela ? tant de froideur, un refus si positif, si cruel, un orgueil si insensible, et un rendez-vous par-dessus tout ? Si c'est pour me parler d'affaires, pourquoi choisir un pareil endroit ? Est-ce une coquetterie[1] ? Ce matin, en me promenant avec Rosette, j'ai entendu remuer dans les broussailles, et il m'a semblé que c'était un pas de biche. Y a-t-il ici quelque intrigue ?

Entre Camille.

CAMILLE. – Bonjour, cousin ; j'ai cru m'apercevoir, à tort ou à raison, que vous me quittiez tristement ce matin. Vous m'avez pris la main malgré moi, je viens vous demander de me donner la vôtre. Je vous ai refusé un baiser, le voilà.

Elle l'embrasse.

Maintenant, vous m'avez dit que vous seriez bien aise de causer de bonne amitié. Asseyez-vous là, et causons.

Elle s'assoit.

PERDICAN. – Avais-je fait un rêve, ou en fais-je un autre en ce moment ?

CAMILLE. – Vous avez trouvé singulier de recevoir un billet de moi, n'est-ce pas ? Je suis d'humeur changeante ; mais vous m'avez dit ce matin un mot très juste : « Puisque nous nous quittons, quittons-nous bons amis. » Vous ne savez pas la raison pour laquelle je pars, et je viens vous la dire : je vais prendre le voile.

PERDICAN. – Est-ce possible ? Est-ce toi, Camille, que je vois dans cette fontaine, assise sur les marguerites, comme aux jours d'autrefois ?

---

1. Un manège de coquette.

CAMILLE. – Oui, Perdican, c'est moi. Je viens revivre un quart d'heure de la vie passée. Je vous ai paru brusque et hautaine ; cela est tout simple, j'ai renoncé au monde. Cependant, avant de le quitter, je serais bien aise d'avoir votre avis. Trouvez-vous que j'aie raison de me faire religieuse ?

PERDICAN. – Ne m'interrogez pas là-dessus, car je ne me ferai jamais moine.

CAMILLE. – Depuis près de dix ans que nous avons vécu éloignés l'un de l'autre, vous avez commencé l'expérience de la vie. Je sais quel homme vous êtes, et vous devez avoir appris beaucoup en peu de temps avec un cœur et un esprit comme les vôtres. Dites-moi, avez-vous eu des maîtresses ?

PERDICAN. – Pourquoi cela ?

CAMILLE. – Répondez-moi, je vous en prie, sans modestie et sans fatuité.

PERDICAN. – J'en ai eu.

CAMILLE. – Les avez-vous aimées ?

PERDICAN. – De tout mon cœur.

CAMILLE. – Où sont-elles maintenant ? Le savez-vous ?

PERDICAN. – Voilà, en vérité, des questions singulières. Que voulez-vous que je vous dise ? Je ne suis ni leur mari ni leur frère ; elles sont allées où bon leur a semblé.

CAMILLE. – Il doit nécessairement y en avoir une que vous ayez préférée aux autres. Combien de temps avez-vous aimé celle que vous avez aimée le mieux ?

PERDICAN. – Tu es une drôle de fille ; veux-tu te faire mon confesseur ?

CAMILLE. – C'est une grâce que je vous demande, de me répondre sincèrement. Vous n'êtes point un libertin [1], et je crois que votre cœur a de la probité. Vous avez dû inspirer l'amour, car vous le méritez, et vous ne vous seriez pas livré à un caprice. Répondez-moi, je vous en prie.

PERDICAN. – Ma foi, je ne m'en souviens pas.

CAMILLE. – Connaissez-vous un homme qui n'ait aimé qu'une femme ?

PERDICAN. – Il y en a certainement.

CAMILLE. – Est-ce un de vos amis ? Dites-moi son nom.

PERDICAN. – Je n'ai pas de nom à vous dire ; mais je crois qu'il y a des hommes capables de n'aimer qu'une fois.

CAMILLE. – Combien de fois un honnête homme peut-il aimer ?

PERDICAN. – Veux-tu me faire réciter une litanie [2], ou récites-tu toi-même un catéchisme [3] ?

CAMILLE. – Je voudrais m'instruire, et savoir si j'ai tort ou raison de me faire religieuse. Si je vous épousais, ne devriez-vous pas répondre avec franchise à toutes mes questions, et me montrer votre cœur à nu ? Je vous estime beaucoup, et je vous crois, par votre éducation et par votre nature, supérieur à beaucoup d'autres hommes. Je suis fâchée que vous ne vous souveniez plus de ce que je vous demande ; peut-être en vous connaissant mieux je m'enhardirais.

---

1. Débauché.
2. Au pluriel, suite de courtes invocations à Dieu, à la Vierge ou aux saints ; au singulier, énumération fastidieuse.
3. Dès la fin du XVIe siècle, les leçons de catéchisme étaient présentées sous forme de questions-réponses pour en faciliter l'apprentissage : Perdican fait ici remarquer à Camille que ses incessantes questions ressemblent à s'y méprendre à un chapitre de manuel diocésain.

PERDICAN. – Où veux-tu en venir ? parle ; je répondrai.

CAMILLE. – Répondez donc à ma première question. Ai-je raison de rester au couvent ?

PERDICAN. – Non.

CAMILLE. – Je ferais donc mieux de vous épouser ?

PERDICAN. – Oui.

CAMILLE. – Si le curé de votre paroisse soufflait sur un verre d'eau, et vous disait que c'est un verre de vin, le boiriez-vous comme tel ?

PERDICAN. – Non.

CAMILLE. – Si le curé de votre paroisse soufflait sur vous, et me disait que vous m'aimerez toute votre vie, aurais-je raison de le croire ?

PERDICAN. – Oui et non.

CAMILLE. – Que me conseilleriez-vous de faire, le jour où je verrais que vous ne m'aimez plus ?

PERDICAN. – De prendre un amant.

CAMILLE. – Que ferai-je ensuite, le jour où mon amant ne m'aimera plus ?

PERDICAN. – Tu en prendras un autre.

CAMILLE. – Combien de temps cela durera-t-il ?

PERDICAN. – Jusqu'à ce que tes cheveux soient gris, et alors les miens seront blancs.

CAMILLE. – Savez-vous ce que c'est que les cloîtres, Perdican ? Vous êtes-vous jamais assis un jour entier sur le banc [1] d'un monastère de femmes ?

PERDICAN. – Oui, je m'y suis assis.

---

1. Celui sur lequel s'échangent les confidences des religieuses.

CAMILLE. – J'ai pour amie une sœur qui n'a que trente ans, et qui a eu cinq cent mille livres de revenu à l'âge de quinze ans. C'est la plus belle et la plus noble créature qui ait marché sur terre. Elle était pairesse du Parlement [1], et avait pour mari un des hommes les plus distingués de France. Aucune des nobles facultés humaines n'était restée sans culture en elle, et, comme un arbrisseau d'une sève choisie, tous ses bourgeons avaient donné des ramures. Jamais l'amour et le bonheur ne poseront leur couronne fleurie sur un front plus beau ; son mari l'a trompée ; elle a aimé un autre homme, et elle se meurt de désespoir.

PERDICAN. – Cela est possible.

CAMILLE. – Nous habitons la même cellule, et j'ai passé des nuits entières à parler de ses malheurs ; ils sont presque devenus les miens ; cela est singulier, n'est-ce pas ? Je ne sais trop comment cela se fait. Quand elle me parlait de son mariage, quand elle me peignait d'abord l'ivresse des premiers jours, puis la tranquillité des autres, et comme enfin tout s'était envolé ; comme elle était assise le soir au coin du feu, et lui auprès de la fenêtre, sans se dire un seul mot, comme leur amour avait langui, et comme tous les efforts pour se rapprocher n'aboutissaient qu'à des querelles ; comme une figure étrangère est venue peu à peu se placer entre eux et se glisser dans leurs souffrances, c'était moi que je voyais agir tandis qu'elle parlait. Quand elle disait : Là j'ai été heureuse, mon cœur bondissait ; et quand elle ajoutait : Là j'ai pleuré, mes larmes coulaient. Mais figurez-vous quelque chose de plus singulier encore ; j'avais fini par me créer une vie imaginaire ; cela a duré quatre ans ; il est inutile de vous dire par combien de réflexions, de retours sur

---

1. On dit à tort que ce titre n'existe qu'en Angleterre, où l'on est pair du royaume. Peut-être Musset songe-t-il au couvent des ursulines anglaises où George Sand acheva son éducation de 1818 à 1820 ? Une pairesse est la femme d'un pair, le pair étant le seigneur d'une terre érigée en pairie, et, à ce titre, membre de droit du parlement.

moi-même, tout cela est venu. Ce que je voulais vous raconter, comme une curiosité, c'est que tous les récits de Louise, toutes les fictions de mes rêves portaient votre ressemblance.

PERDICAN. – Ma ressemblance, à moi ?

CAMILLE. – Oui, et cela est naturel : vous étiez le seul homme que j'eusse connu. En vérité, je vous ai aimé, Perdican.

PERDICAN. – Quel âge as-tu, Camille ?

CAMILLE. – Dix-huit ans.

PERDICAN. – Continue, continue ; j'écoute.

CAMILLE. – Il y a deux cents femmes dans notre couvent ; un petit nombre de ces femmes ne connaîtra jamais la vie, et tout le reste attend la mort. Plus d'une parmi elles sont sorties du monastère comme j'en sors aujourd'hui, vierges et pleines d'espérances. Elles sont revenues peu de temps après, vieilles et désolées. Tous les jours il en meurt dans nos dortoirs, et tous les jours il en vient de nouvelles prendre la place des mortes sur les matelas de crin. Les étrangers qui nous visitent admirent le calme et l'ordre de la maison ; ils regardent attentivement la blancheur de nos voiles ; mais ils se demandent pourquoi nous les rabaissons sur nos yeux. Que pensez-vous de ces femmes, Perdican ? Ont-elles tort, ou ont-elles raison ?

PERDICAN. – Je n'en sais rien.

CAMILLE. – Il s'en est trouvé quelques-unes qui me conseillent de rester vierge. Je suis bien aise de vous consulter. Croyez-vous que ces femmes-là auraient mieux fait de prendre un amant et de me conseiller d'en faire autant ?

PERDICAN. – Je n'en sais rien.

CAMILLE. – Vous aviez promis de me répondre.

PERDICAN. – J'en suis dispensé tout naturellement ; je ne crois pas que ce soit toi qui parles.

CAMILLE. – Cela se peut, il doit y avoir dans toutes mes idées des choses très ridicules. Il se peut bien qu'on m'ait fait la leçon, et que je ne sois qu'un perroquet mal appris. Il y a dans la galerie un petit tableau qui représente un moine courbé sur un missel ; à travers les barreaux obscurs de sa cellule glisse un faible rayon de soleil, et on aperçoit une locanda [1] italienne devant laquelle danse un chevrier. Lequel de ces deux hommes estimez-vous davantage ?

PERDICAN. – Ni l'un ni l'autre et tous les deux. Ce sont deux hommes de chair et d'os ; il y en a un qui lit, et un autre qui danse ; je n'y vois pas autre chose. Tu as raison de te faire religieuse.

CAMILLE. – Vous me disiez non tout à l'heure.

PERDICAN. – Ai-je dit non ? Cela est possible.

CAMILLE. – Ainsi vous me le conseillez ?

PERDICAN. – Ainsi tu ne crois à rien ?

CAMILLE. – Lève la tête, Perdican : quel est l'homme qui ne croit à rien ?

PERDICAN, *se levant*. – En voilà un ; je ne crois pas à la vie immortelle. – Ma sœur chérie, les religieuses t'ont donné leur expérience ; mais, crois-moi, ce n'est pas la tienne ; tu ne mourras pas sans aimer.

CAMILLE. – Je veux aimer, mais je ne veux pas souffrir ; je veux aimer d'un amour éternel, et faire des serments qui ne se violent pas. Voilà mon amant.

Elle montre son crucifix.

PERDICAN. – Cet amant-là n'exclut pas les autres.

---

1. Auberge en Italie.

CAMILLE. – Pour moi, du moins, il les exclura. Ne souriez pas, Perdican ! Il y a dix ans que je ne vous ai vu, et je pars demain. Dans dix autres années, si nous nous revoyons, nous en reparlerons. J'ai voulu ne pas rester dans votre souvenir comme une froide statue ; car l'insensibilité mène au point où j'en suis. Écoutez-moi : retournez à la vie, et tant que vous serez heureux, tant que vous aimerez comme on peut aimer sur la terre, oubliez votre sœur Camille ; mais s'il vous arrive jamais d'être oublié ou d'oublier vous-même, si l'ange de l'espérance vous abandonne, lorsque vous serez seul avec le vide dans le cœur, pensez à moi qui prierai pour vous.

PERDICAN. – Tu es une orgueilleuse ; prends garde à toi.

CAMILLE. – Pourquoi ?

PERDICAN. – Tu as dix-huit ans, et tu ne crois pas à l'amour !

CAMILLE. – Y croyez-vous, vous qui parlez ? Vous voilà courbé près de moi avec des genoux qui se sont usés sur les tapis de vos maîtresses, et vous n'en savez plus le nom. Vous avez pleuré des larmes de joie et des larmes de désespoir ; mais vous saviez que l'eau des sources est plus constante que vos larmes, et qu'elle serait toujours là pour laver vos paupières gonflées. Vous faites votre métier de jeune homme, et vous souriez quand on vous parle de femmes désolées ; vous ne croyez pas qu'on puisse mourir d'amour, vous qui vivez et qui avez aimé. Qu'est-ce donc que le monde ? Il me semble que vous devez cordialement mépriser les femmes qui vous prennent tels que vous êtes, et qui chassent leur dernier amant pour vous attirer dans leurs bras avec les baisers d'un autre sur les lèvres. Je vous demandais tout à l'heure si vous aviez aimé ; vous m'avez répondu comme un voyageur à qui l'on demanderait s'il a été en Italie ou en

Allemagne, et qui dirait : Oui, j'y ai été ; puis qui pense-
rait à aller en Suisse, ou dans le premier pays venu. Est-
ce donc une monnaie que votre amour, pour qu'il puisse
passer ainsi de main en main jusqu'à la mort ? Non, ce
n'est pas même une monnaie ; car la plus mince pièce
d'or vaut mieux que vous, et dans quelque main qu'elle
passe, elle garde son effigie.

PERDICAN. – Que tu es belle, Camille, lorsque tes
yeux s'animent !

CAMILLE. – Oui, je suis belle, je le sais. Les compli-
menteurs ne m'apprendront rien : la froide nonne qui
coupera mes cheveux pâlira peut-être de sa mutilation ;
mais ils ne se changeront pas en bagues et en chaînes
pour courir les boudoirs [1] ; il n'en manquera pas un seul
sur ma tête, lorsque le fer y passera ; je ne veux qu'un
coup de ciseau, et quand le prêtre qui me bénira me
mettra au doigt l'anneau d'or de mon époux céleste [2], la
mèche de cheveux que je lui donnerai pourra lui servir
de manteau.

PERDICAN. – Tu es en colère, en vérité.

CAMILLE. – J'ai eu tort de parler ; j'ai ma vie entière
sur les lèvres. Ô Perdican ! ne raillez pas ; tout cela est
triste à mourir.

PERDICAN. – Pauvre enfant, je te laisse dire, et j'ai
bien envie de te répondre un mot. Tu me parles d'une
religieuse qui me paraît avoir eu sur toi une influence
funeste ; tu dis qu'elle a été trompée, qu'elle a trompé
elle-même, et qu'elle est désespérée. Es-tu sûre que si son
mari ou son amant revenait lui tendre la main à travers
la grille du parloir, elle ne lui tendrait pas la sienne ?

---

1. Petits salons élégants où la maîtresse de maison reçoit des intimes,
ses familiers.
2. Est ici décrit le rite de la cérémonie d'entrée en religion. Le Christ
est l'époux céleste ou mystique des religieuses, qui portent un anneau
pour symboliser cette union.

CAMILLE. – Qu'est-ce que vous dites ? J'ai mal entendu.

PERDICAN. – Es-tu sûre que si son mari ou son amant revenait lui dire de souffrir encore, elle répondrait non ?

CAMILLE. – Je le crois, je le crois.

PERDICAN. – Il y a deux cents femmes dans ton monastère, et la plupart ont au fond du cœur des blessures profondes ; elles te les ont fait toucher, et elles ont coloré ta pensée virginale des gouttes de leur sang. Elles ont vécu, n'est-ce pas ? et elles t'ont montré avec horreur la route de leur vie ; tu t'es signée devant leurs cicatrices, comme devant les plaies de Jésus ; elles t'ont fait une place dans leurs processions lugubres, et tu te serres contre ces corps décharnés avec une crainte religieuse, lorsque tu vois passer un homme. Es-tu sûre que si l'homme qui passe était celui qui les a trompées, celui pour qui elles pleurent et elles souffrent, celui qu'elles maudissent en priant Dieu, es-tu sûre qu'en le voyant, elles ne briseraient pas leurs chaînes pour courir à leurs malheurs passés, et pour presser leurs poitrines sanglantes sur le poignard qui les a meurtries ? Ô mon enfant ! sais-tu les rêves de ces femmes, qui te disent de ne pas rêver ? Sais-tu quel nom elles murmurent quand les sanglots qui sortent de leurs lèvres font trembler l'hostie qu'on leur présente ? Elles qui s'assoient près de toi avec leurs têtes branlantes pour verser dans ton oreille leur vieillesse flétrie, elles qui sonnent dans les ruines de ta jeunesse le tocsin de leur désespoir, et qui font sentir à ton sang vermeil la fraîcheur de leurs tombes, sais-tu qui elles sont ?

CAMILLE. – Vous me faites peur ; la colère vous prend aussi.

PERDICAN. – Sais-tu ce que c'est que des nonnes, malheureuse fille ? Elles qui te représentent l'amour des hommes comme un mensonge, savent-elles qu'il y a pis encore, le mensonge de l'amour divin ? Savent-elles que c'est un crime qu'elles font de venir chuchoter à une vierge des paroles de femme ? Ah ! comme elles t'ont fait la leçon ! Comme j'avais prévu tout cela quand tu t'es arrêtée devant le portrait de notre vieille tante ! Tu voulais partir sans me serrer la main ; tu ne voulais revoir ni ce bois ni cette pauvre petite fontaine, qui nous regarde tout en larmes ; tu reniais les jours de ton enfance, et le masque de plâtre que les nonnes t'ont plaqué sur les joues me refusait un baiser de frère ; mais ton cœur a battu, il a oublié sa leçon, lui qui ne sait pas lire, et tu es revenue t'asseoir sur l'herbe où nous voilà. Eh bien ! Camille, ces femmes ont bien parlé ; elles t'ont mise dans le vrai chemin ; il pourra m'en coûter le bonheur de ma vie ; mais dis-leur cela de ma part : le ciel n'est pas pour elles.

CAMILLE. – Ni pour moi, n'est-ce pas ?

PERDICAN. – Adieu, Camille, retourne à ton couvent, et lorsqu'on te fera de ces récits hideux qui t'ont empoisonnée, réponds ce que je vais te dire ! Tous les hommes sont menteurs, inconstants, faux, bavards, hypocrites, orgueilleux et lâches, méprisables et sensuels ; toutes les femmes sont perfides, artificieuses, vaniteuses, curieuses et dépravées ; le monde n'est qu'un égout sans fond où les phoques les plus informes rampent et se tordent sur des montagnes de fange ; mais il y a au monde une chose sainte et sublime, c'est l'union de deux de ces êtres si imparfaits et si affreux. On est souvent trompé en amour, souvent blessé et souvent malheureux ; mais on aime, et quand on est sur le bord de sa tombe, on se retourne pour regarder en arrière, et on se dit : J'ai souffert souvent, je me suis trompé quelquefois ; mais j'ai aimé. C'est moi qui ai vécu, et non pas un être factice créé par mon orgueil et mon ennui [1].

Il sort.

_____

1. Les deux dernières phrases de cette tirade sont extraites d'une lettre de George Sand à Musset écrite de Venise le 12 mai 1834, in George Sand, *Correspondance*, Classiques Garnier, 1966, p. 589.

ACTE III

Scène 1

Devant le château
Entrent le Baron et maître Blazius

LE BARON. – Indépendamment de votre ivrognerie, vous êtes un bélître[1], maître Blazius. Mes valets vous voient entrer furtivement dans l'office, et quand vous êtes convaincu d'avoir volé mes bouteilles de la manière la plus pitoyable, vous croyez vous justifier en accusant ma nièce d'une correspondance secrète.

MAÎTRE BLAZIUS. – Mais, monseigneur, veuillez vous rappeler…

LE BARON. – Sortez, monsieur l'abbé, et ne reparaissez jamais devant moi ; il est déraisonnable d'agir comme vous faites, et ma gravité m'oblige à ne vous pardonner de ma vie.

Il sort ; maître Blazius le suit.
Entre Perdican.

PERDICAN. – Je voudrais bien savoir si je suis amoureux. D'un côté, cette manière d'interroger est tant soit peu cavalière, pour une fille de dix-huit ans ; d'un autre, les idées que ces nonnes lui ont fourrées dans la tête auront de la peine à se corriger. De plus, elle doit partir aujourd'hui. Diable ! je l'aime, cela est sûr. Après tout,

---

1. Coquin et stupide. Le sens originel est celui de mendiant, de gueux, d'homme de rien.

qui sait ? peut-être elle répétait une leçon, et d'ailleurs il est clair qu'elle ne se soucie pas de moi. D'une autre part, elle a beau être jolie, cela n'empêche pas qu'elle n'ait des manières beaucoup trop décidées et un ton trop brusque. Je n'ai qu'à n'y plus penser ; il est clair que je ne l'aime pas. Cela est certain qu'elle est jolie ; mais pourquoi cette conversation d'hier ne veut-elle pas me sortir de la tête ? En vérité, j'ai passé la nuit à radoter. Où vais-je donc ? – Ah ! je vais au village.

Il sort.

Scène 2

Un chemin
Entre maître Bridaine

MAÎTRE BRIDAINE. – Que font-ils maintenant ? Hélas ! voilà midi. – Ils sont à table. Que mangent-ils ? que ne mangent-ils pas ? J'ai vu la cuisinière traverser le village, avec un énorme dindon. L'aide portait les truffes, avec un panier de raisin.

Entre maître Blazius.

MAÎTRE BLAZIUS. – Ô disgrâce imprévue ! me voilà chassé du château, par conséquent de la salle à manger. Je ne boirai plus le vin de l'office.

MAÎTRE BRIDAINE. – Je ne verrai plus fumer les plats ; je ne chaufferai plus au feu de la noble cheminée mon ventre copieux.

MAÎTRE BLAZIUS. – Pourquoi une fatale curiosité m'a-t-elle poussé à écouter le dialogue de dame Pluche et de la nièce ? Pourquoi ai-je rapporté au Baron ce que j'avais vu ?

MAÎTRE BRIDAINE. – Pourquoi un vain orgueil m'a-t-il éloigné de ce dîner honorable où j'étais si bien accueilli ? Que m'importait d'être à droite ou à gauche ?

MAÎTRE BLAZIUS. – Hélas ! j'étais gris, il faut en convenir, lorsque j'ai fait cette folie.

MAÎTRE BRIDAINE. – Hélas ! le vin m'avait monté la tête quand j'ai commis cette imprudence.

MAÎTRE BLAZIUS. – Il me semble que voilà le curé.

MAÎTRE BRIDAINE. – C'est le gouverneur en personne.

MAÎTRE BLAZIUS. – Oh ! oh ! monsieur le curé, que faites-vous là ?

MAÎTRE BRIDAINE. – Moi ! je vais dîner. N'y venez-vous pas ?

MAÎTRE BLAZIUS. – Pas aujourd'hui. Hélas ! maître Bridaine, intercédez pour moi ; le Baron m'a chassé. J'ai accusé faussement Mlle Camille d'avoir une correspondance secrète, et cependant Dieu m'est témoin que j'ai vu, ou que j'ai cru voir dame Pluche dans la luzerne. Je suis perdu, monsieur le curé.

MAÎTRE BRIDAINE. – Que m'apprenez-vous là ?

MAÎTRE BLAZIUS. – Hélas ! hélas ! la vérité ! Je suis en disgrâce complète pour avoir volé une bouteille.

MAÎTRE BRIDAINE. – Que parlez-vous, messire, de bouteilles volées à propos d'une luzerne et d'une correspondance ?

MAÎTRE BLAZIUS. – Je vous supplie de plaider ma cause. Je suis honnête, seigneur Bridaine. Ô digne seigneur Bridaine, je suis votre serviteur.

MAÎTRE BRIDAINE, *à part*. – Ô fortune ! est-ce un rêve ? Je serai donc assis sur toi, ô chaise bienheureuse !

MAÎTRE BLAZIUS. – Je vous serai reconnaissant d'écouter mon histoire, et de vouloir bien m'excuser, brave seigneur, cher curé.

MAÎTRE BRIDAINE. – Cela m'est impossible, monsieur, il est midi sonné, et je m'en vais dîner. Si le Baron se plaint de vous, c'est votre affaire. Je n'intercède point pour un ivrogne.

À part.

Vite, volons à la grille ; et toi, mon ventre, arrondis-toi.

Il sort en courant.

MAÎTRE BLAZIUS, *seul.* – Misérable Pluche ! c'est toi qui paieras pour tous ; oui, c'est toi qui es la cause de ma ruine, femme déhontée [1], vile entremetteuse. C'est à toi que je dois cette disgrâce ; ô sainte université de Paris [2] ! on me traite d'ivrogne ! Je suis perdu si je ne saisis une lettre, et si je ne prouve au Baron que sa nièce a une correspondance. Je l'ai vue ce matin écrire à son bureau. Patience ! voici du nouveau.

Passe dame Pluche portant une lettre.

Pluche, donnez-moi cette lettre.

DAME PLUCHE. – Que signifie cela ? C'est une lettre de ma maîtresse que je vais mettre à la poste au village.

MAÎTRE BLAZIUS. – Donnez-la-moi, ou vous êtes morte.

DAME PLUCHE. – Moi, morte ! morte ! Marie, Jésus, vierge et martyr.

MAÎTRE BLAZIUS. – Oui, morte, Pluche ; donnez-moi ce papier.

Ils se battent ; entre Perdican.

PERDICAN. – Qu'y a-t-il ? Que faites-vous, Blazius ? Pourquoi violenter cette femme ?

---

1. Éhontée, sans pudeur. Terme archaïque.
2. Voir l'invocation de Bridaine : « Ô sainte Église catholique ! » (acte II, sc. 2).

DAME PLUCHE. – Rendez-moi la lettre. Il me l'a prise, seigneur, justice !

MAÎTRE BLAZIUS. – C'est une entremetteuse, seigneur, cette lettre est un billet doux.

DAME PLUCHE. – C'est une lettre de Camille, seigneur, de votre fiancée.

MAÎTRE BLAZIUS. – C'est un billet doux à un gardeur de dindons.

DAME PLUCHE. – Tu en as menti, abbé. Apprends cela de moi.

PERDICAN. – Donnez-moi cette lettre ; je ne comprends rien à votre dispute ; mais en qualité de fiancé de Camille, je m'arroge le droit de la lire.

Il lit.

« À la sœur Louise, au couvent de ***. »

À part.

Quelle maudite curiosité me saisit malgré moi ? Mon cœur bat avec force, et je ne sais ce que j'éprouve. – Retirez-vous, dame Pluche, vous êtes une digne femme, et maître Blazius est un sot. Allez dîner ; je me charge de mettre cette lettre à la poste.

Sortent maître Blazius et dame Pluche.

PERDICAN, *seul.* – Que ce soit un crime d'ouvrir une lettre, je le sais trop bien pour le faire. Que peut dire Camille à cette sœur ? Suis-je donc amoureux ? Quel empire a donc pris sur moi cette singulière fille, pour que les trois mots écrits sur cette adresse me fassent trembler la main ? Cela est singulier ; Blazius, en se débattant avec dame Pluche, a fait sauter le cachet. Est-ce un crime de rompre le pli [1] ? Bon, je n'y changerai rien.

---

1. Défaire le pli. La lettre n'est pas sous enveloppe. Il s'agit d'une feuille pliée et cachetée.

Il ouvre la lettre et lit.

« Je pars aujourd'hui, ma chère, et tout est arrivé comme je l'avais prévu. C'est une terrible chose ; mais ce pauvre jeune homme a le poignard dans le cœur, il ne se consolera pas de m'avoir perdue. Cependant j'ai fait tout au monde pour le dégoûter de moi. Dieu me pardonnera de l'avoir réduit au désespoir par mon refus. Hélas ! ma chère, que pouvais-je y faire ? Priez pour moi ; nous nous reverrons demain, et pour toujours. Toute à vous du meilleur de mon âme.

Camille. »

Est-il possible ? Camille écrit cela ! C'est de moi qu'elle parle ainsi ! Moi au désespoir de son refus ! Eh ! bon Dieu ! si cela était vrai, on le verrait bien ; quelle honte peut-il y avoir à aimer ? Elle a fait tout au monde pour me dégoûter, dit-elle, et j'ai le poignard dans le cœur ? Quel intérêt peut-elle avoir à inventer un roman pareil ? Cette pensée que j'avais cette nuit est-elle donc vraie ? Ô femmes ! Cette pauvre Camille a peut-être une grande piété ; c'est de bon cœur qu'elle se donne à Dieu, mais elle a résolu et décrété qu'elle me laisserait au désespoir. Cela était convenu entre les bonnes amies, avant de partir du couvent. On a décidé que Camille allait revoir son cousin, qu'on le lui voudrait faire épouser, qu'elle refuserait, et que le cousin serait désolé. Cela est si intéressant, une jeune fille qui fait à Dieu le sacrifice du bonheur d'un cousin ! Non, non, Camille, je ne t'aime pas ; je ne suis pas au désespoir. Je n'ai pas le poignard dans le cœur, et je te le prouverai. Oui, tu sauras que j'en aime une autre, avant que de partir d'ici. Holà ! brave homme !

Entre un paysan.

Allez au château, dites à la cuisine qu'on envoie un valet porter à Mlle Camille le billet que voici.

Il écrit.

LE PAYSAN. – Oui, monseigneur.

Il sort.

PERDICAN. – Maintenant, à l'autre. Ah ! je suis au désespoir ! Holà ! Rosette ! Rosette !

Il frappe à une porte.

ROSETTE, *ouvrant.* – C'est vous, monseigneur ? Entrez, ma mère y est.

PERDICAN. – Mets ton plus beau bonnet, Rosette, et viens avec moi.

ROSETTE. – Où donc ?

PERDICAN. – Je te le dirai ; demande la permission à ta mère, mais dépêche-toi.

ROSETTE. – Oui, monseigneur.

Elle rentre dans la maison.

PERDICAN. – J'ai demandé un nouveau rendez-vous à Camille, et je suis sûr qu'elle y viendra ; mais, par le ciel ! elle n'y trouvera pas ce qu'elle y comptera trouver. Je veux faire la cour à Rosette, devant Camille elle-même.

Scène 3

Le petit bois
Entrent Camille et le paysan

LE PAYSAN. – Mademoiselle, je vais au château porter une lettre pour vous ; faut-il que je vous la donne, ou que je la remette à la cuisine, comme me l'a dit le seigneur Perdican ?

CAMILLE. – Donne-la-moi.

LE PAYSAN. – Si vous aimez mieux que je la porte au château, ce n'est pas la peine de m'attarder.

CAMILLE. – Je te dis de me la donner.

LE PAYSAN. – Ce qui vous plaira.

Il donne la lettre.

CAMILLE. – Tiens, voilà pour ta peine.

LE PAYSAN. – Grand merci ; je m'en vais, n'est-ce pas ?

CAMILLE. – Si tu veux.

LE PAYSAN. – Je m'en vais, je m'en vais.

Il sort.

CAMILLE, *lisant*. – Perdican me demande de lui dire adieu avant de partir, près de la petite fontaine où je l'ai fait venir hier. Que peut-il avoir à me dire ? Voilà justement la fontaine, et je suis toute portée [1]. Dois-je accorder ce second rendez-vous ? Ah !

Elle se cache derrière un arbre.

Voilà Perdican qui approche avec Rosette, ma sœur de lait. Je suppose qu'il va la quitter ; je suis bien aise de ne pas avoir l'air d'arriver la première.

Entrent Perdican et Rosette, qui s'assoient.

CAMILLE, *cachée, à part*. – Que veut dire cela ? Il la fait asseoir près de lui ! Me demande-t-il un rendez-vous pour y venir causer avec une autre ? Je suis curieuse de savoir ce qu'il lui dit.

PERDICAN, *à haute voix, de manière que Camille l'entend*. – Je t'aime, Rosette ; toi seule au monde tu n'as rien oublié de nos beaux jours passés, toi seule tu te souviens de la vie qui n'est plus ; prends ta part de ma vie nouvelle ; donne-moi ton cœur, chère enfant ; voilà le gage de notre amour.

Il lui pose sa chaîne sur le cou.

ROSETTE. – Vous me donnez votre chaîne d'or ?

---

1. Arrivée à destination.

PERDICAN. – Regarde à présent cette bague. Lève-toi, et approchons-nous de cette fontaine. Nous vois-tu tous les deux, dans la source, appuyés l'un sur l'autre ? Vois-tu tes beaux yeux près des miens, ta main dans la mienne ? Regarde tout cela s'effacer.

Il jette sa bague dans l'eau.

Regarde comme notre image a disparu ; la voilà qui revient peu à peu ; l'eau qui s'était troublée reprend son équilibre ; elle tremble encore ; de grands cercles noirs courent à sa surface ; patience, nous reparaissons ; déjà je distingue de nouveau tes bras enlacés dans les miens ; encore une minute, et il n'y aura plus une ride sur ton joli visage ; regarde ! c'était une bague que m'avait donnée Camille.

CAMILLE, *à part*. – Il a jeté ma bague dans l'eau.

PERDICAN. – Sais-tu ce que c'est que l'amour, Rosette ? Écoute ! le vent se tait ; la pluie du matin roule en perles sur les feuilles séchées que le soleil ranime. Par la lumière du ciel, par le soleil que voilà, je t'aime. Tu veux bien de moi, n'est-ce pas ? On n'a pas flétri ta jeunesse ? on n'a pas infiltré dans ton sang vermeil les restes d'un sang affadi ? Tu ne veux pas te faire religieuse ; te voilà jeune et belle dans les bras d'un jeune homme ; ô Rosette, Rosette, sais-tu ce que c'est que l'amour ?

ROSETTE. – Hélas ! monsieur le docteur, je vous aimerai comme je pourrai.

PERDICAN. – Oui, comme tu pourras ; et tu m'aimeras mieux, tout docteur que je suis, et toute paysanne que tu es, que ces pâles statues fabriquées par les nonnes, qui ont la tête à la place du cœur, et qui sortent des cloîtres pour venir répandre dans la vie l'atmosphère humide de leurs cellules ; tu ne sais rien ; tu ne lirais pas dans un livre la prière que ta mère t'apprend, comme elle l'a apprise de sa mère ; tu ne comprends même pas le sens des paroles que tu répètes, quand tu t'agenouilles au pied de ton lit ; mais tu comprends bien que tu pries, et c'est tout ce qu'il faut à Dieu.

ROSETTE. – Comme vous me parlez, monseigneur.

PERDICAN. – Tu ne sais pas lire ; mais tu sais ce que disent ces bois et ces prairies, ces tièdes rivières, ces beaux champs couverts de moissons, toute cette nature splendide de jeunesse. Tu reconnais tous ces milliers de frères, et moi pour l'un d'entre eux ; lève-toi ; tu seras ma femme, et nous prendrons racine ensemble dans la sève du monde tout-puissant.

Il sort avec Rosette.

Scène 4

Entre le chœur

LE CHŒUR. – Il se passe assurément quelque chose d'étrange au château ; Camille a refusé d'épouser Perdican ; elle doit retourner aujourd'hui au couvent dont [1] elle est venue. Mais je crois que le seigneur son cousin s'est consolé avec Rosette. Hélas ! la pauvre fille ne sait pas quel danger elle court, en écoutant les discours d'un jeune et galant seigneur.

DAME PLUCHE, *entrant*. – Vite, vite, qu'on selle mon âne.

LE CHŒUR. – Passerez-vous comme un songe léger, ô vénérable dame ? Allez-vous si promptement enfourcher derechef [2] cette pauvre bête qui est si triste de vous porter ?

DAME PLUCHE. – Dieu merci, chère canaille [3], je ne mourrai pas ici.

---

1. D'où. Tournure ancienne.
2. De nouveau, pour la seconde fois.
3. Désigne par mépris le bas peuple.

LE CHŒUR. – Mourez au loin, Pluche, ma mie[1] ; mourez inconnue dans un caveau[2] malsain. Nous ferons des vœux pour votre respectable résurrection.

DAME PLUCHE. – Voici ma maîtresse qui s'avance.

À Camille qui entre.

Chère Camille, tout est prêt pour notre départ ; le Baron a rendu ses comptes, et mon âne est bâté[3].

CAMILLE. – Allez au diable, vous et votre âne ; je ne partirai pas aujourd'hui.

Elle sort.

LE CHŒUR. – Que veut dire ceci ? Dame Pluche est pâle de terreur ; ses faux cheveux tentent de se hérisser, sa poitrine siffle avec force, et ses doigts s'allongent en se crispant.

DAME PLUCHE. – Seigneur Jésus ! Camille a juré.

Elle sort.

Scène 5

Entrent le Baron et maître Bridaine

MAÎTRE BRIDAINE. – Seigneur, il faut que je vous parle en particulier. Votre fils fait la cour à une fille du village.

LE BARON. – C'est absurde, mon ami.

MAÎTRE BRIDAINE. – Je l'ai vu distinctement passer dans la bruyère en lui donnant le bras ; il se penchait à son oreille, et lui promettait de l'épouser.

---

1. Mon amie. Emploi ironique.
2. Cellule de couvent.
3. Sellé. Se dit pour une bête de somme.

LE BARON. – Cela est monstrueux.

MAÎTRE BRIDAINE. – Soyez-en convaincu ; il lui a fait un présent considérable que la petite a montré à sa mère.

LE BARON. – Ô ciel ! considérable, Bridaine ? En quoi considérable ?

MAÎTRE BRIDAINE. – Pour le poids et pour la conséquence. C'est la chaîne d'or qu'il portait à son bonnet.

LE BARON. – Passons dans mon cabinet ; je ne sais à quoi m'en tenir.

Ils sortent.

Scène 6

La chambre de Camille
Entrent Camille et dame Pluche

CAMILLE. – Il a pris ma lettre, dites-vous ?

DAME PLUCHE. – Oui, mon enfant, il s'est chargé de la mettre à la poste.

CAMILLE. – Allez au salon, dame Pluche, et faites-moi le plaisir de dire à Perdican que je l'attends ici.

Dame Pluche sort.

Il a lu ma lettre, cela est certain ; sa scène du bois est une vengeance, comme son amour pour Rosette. Il a voulu me prouver qu'il en aimait une autre que moi, et jouer l'indifférent malgré son dépit. Est-ce qu'il m'aimerait, par hasard ?

Elle lève la tapisserie.

Es-tu là, Rosette ?

ROSETTE, *entrant*. – Oui ; puis-je entrer ?

CAMILLE. – Écoute-moi, mon enfant ; le seigneur Perdican ne te fait-il pas la cour ?

ROSETTE. – Hélas ! oui.

CAMILLE. – Que penses-tu de ce qu'il t'a dit ce matin ?

ROSETTE. – Ce matin ? Où donc ?

CAMILLE. – Ne fais pas l'hypocrite. – Ce matin, à la fontaine, dans le petit bois.

ROSETTE. – Vous m'avez donc vue ?

CAMILLE. – Pauvre innocente ! Non, je ne t'ai pas vue. Il t'a fait de beaux discours, n'est-ce pas ? Gageons qu'il t'a promis de t'épouser.

ROSETTE. – Comment le savez-vous ?

CAMILLE. – Qu'importe comment je le sais ? Crois-tu à ses promesses, Rosette ?

ROSETTE. – Comment n'y croirais-je pas ? il me tromperait donc ? Pour quoi faire ?

CAMILLE. – Perdican ne t'épousera pas, mon enfant.

ROSETTE. – Hélas ! je n'en sais rien.

CAMILLE. – Tu l'aimes, pauvre fille ; il ne t'épousera pas, et la preuve, je vais te la donner ; rentre derrière ce rideau, tu n'auras qu'à prêter l'oreille et à venir quand je t'appellerai.

Rosette sort.

CAMILLE, *seule.* – Moi qui croyais faire un acte de vengeance, ferais-je un acte d'humanité ? La pauvre fille a le cœur pris.

Entre Perdican.

Bonjour, cousin, asseyez-vous.

PERDICAN. – Quelle toilette, Camille ! À qui en voulez-vous ?

CAMILLE. – À vous, peut-être ; je suis fâchée de n'avoir pu me rendre au rendez-vous que vous m'avez demandé ; vous aviez quelque chose à me dire ?

PERDICAN, *à part*. – Voilà, sur ma vie, un petit mensonge assez gros, pour un agneau sans tache ; je l'ai vue derrière un arbre écouter la conversation.

Haut.

Je n'ai rien à vous dire, qu'un adieu, Camille ; je croyais que vous partiez ; cependant votre cheval est à l'écurie, et vous n'avez pas l'air d'être en robe de voyage.

CAMILLE. – J'aime la discussion ; je ne suis pas bien sûre de ne pas avoir eu envie de me quereller encore avec vous.

PERDICAN. – À quoi sert de se quereller, quand le raccommodement est impossible ? Le plaisir des disputes, c'est de faire la paix.

CAMILLE. – Êtes-vous convaincu que je ne veuille pas la faire ?

PERDICAN. – Ne raillez pas ; je ne suis pas de force à vous répondre.

CAMILLE. – Je voudrais qu'on me fît la cour ; je ne sais si c'est que j'ai une robe neuve, mais j'ai envie de m'amuser. Vous m'avez proposé d'aller au village, allons-y, je veux bien ; mettons-nous en bateau ; j'ai envie d'aller dîner sur l'herbe, ou de faire une promenade dans la forêt. Fera-t-il clair de lune, ce soir ? Cela est singulier ; vous n'avez plus au doigt la bague que je vous ai donnée.

PERDICAN. – Je l'ai perdue.

CAMILLE. – C'est donc pour cela que je l'ai trouvée ; tenez, Perdican, la voilà.

PERDICAN. – Est-ce possible ? Où l'avez-vous trouvée ?

CAMILLE. – Vous regardez si mes mains sont mouillées, n'est-ce pas ? En vérité, j'ai gâté ma robe de couvent pour retirer ce petit hochet d'enfant de la fontaine. Voilà pourquoi j'en ai mis une autre, et je vous dis, cela m'a changée ; mettez donc cela à votre doigt.

PERDICAN. – Tu as retiré cette bague de l'eau, Camille, au risque de te précipiter[1] ? Est-ce un songe ? La voilà ; c'est toi qui me la mets au doigt ! Ah ! Camille, pourquoi me le rends-tu, ce triste gage d'un bonheur qui n'est plus ? Parle, coquette et imprudente fille, pourquoi pars-tu, pourquoi restes-tu ? Pourquoi, d'une heure à l'autre, changes-tu d'apparence et de couleur, comme la pierre de cette bague à chaque rayon du soleil ?

CAMILLE. – Connaissez-vous le cœur des femmes, Perdican ? Êtes-vous sûr de leur inconstance, et savez-vous si elles changent réellement de pensée en changeant quelquefois de langage ? Il y en a qui disent que non. Sans doute, il nous faut souvent jouer un rôle, souvent mentir ; vous voyez que je suis franche ; mais êtes-vous sûr que tout mente dans une femme, lorsque sa langue ment ? Avez-vous bien réfléchi à la nature de cet être faible et violent, à la rigueur avec laquelle on le juge, aux principes qu'on lui impose ? Et qui sait si, forcée à tromper par le monde, la tête de ce petit être sans cervelle ne peut pas y prendre plaisir, et mentir quelquefois par passe-temps, par folie, comme elle ment par nécessité ?

PERDICAN. – Je n'entends rien à tout cela, et je ne mens jamais. Je t'aime, Camille, voilà tout ce que je sais.

CAMILLE. – Vous dites que vous m'aimez, et vous ne mentez jamais ?

PERDICAN. – Jamais.

---

1. Au sens propre, tomber la tête en avant, la tête la première.

CAMILLE. – En voilà une qui dit pourtant que cela vous arrive quelquefois.

> *Elle lève la tapisserie. Rosette paraît dans le fond, évanouie sur une chaise.*

Que répondrez-vous à cette enfant, Perdican, lorsqu'elle vous demandera compte de vos paroles ? Si vous ne mentez jamais, d'où vient donc qu'elle s'est évanouie en vous entendant me dire que vous m'aimez ? Je vous laisse avec elle ; tâchez de la faire revenir [1].

> *Elle veut sortir.*

PERDICAN. – Un instant, Camille, écoute-moi.

CAMILLE. – Que voulez-vous me dire ? c'est à Rosette qu'il faut parler. Je ne vous aime pas, moi ; je n'ai pas été chercher par dépit cette malheureuse enfant au fond de sa chaumière, pour en faire un appât [2], un jouet ; je n'ai pas répété imprudemment devant elle des paroles brûlantes adressées à une autre ; je n'ai pas feint de jeter au vent pour elle le souvenir d'une amitié chérie ; je ne lui ai pas mis ma chaîne au cou ; je ne lui ai pas dit que je l'épouserais.

PERDICAN. – Écoute-moi, écoute-moi !

CAMILLE. – N'as-tu pas souri tout à l'heure quand je t'ai dit que je n'avais pu aller à la fontaine ? Eh bien ! oui, j'y étais, et j'ai tout entendu ; mais, Dieu m'en est témoin, je ne voudrais pas y avoir parlé comme toi. Que feras-tu de cette fille-là, maintenant, quand elle viendra, avec tes baisers ardents sur les lèvres, te montrer en pleurant la blessure que tu lui as faite ? Tu as voulu te venger de moi, n'est-ce pas, et me punir d'une lettre écrite à mon couvent ? Tu as voulu me lancer à tout prix quelque trait qui pût m'atteindre, et tu comptais pour rien que ta flèche empoisonnée traversât cette enfant, pourvu qu'elle

---

1. La faire revenir à elle.
2. S'en servir pour tendre un piège.

me frappât derrière elle. Je m'étais vantée de t'avoir inspiré quelque amour, de te laisser quelque regret. Cela t'a blessé dans ton noble orgueil ? Eh bien ! apprends-le de moi, tu m'aimes, entends-tu, mais tu épouseras cette fille, ou tu n'es qu'un lâche.

PERDICAN. – Oui, je l'épouserai.

CAMILLE. – Et tu feras bien.

PERDICAN. – Très bien, et beaucoup mieux qu'en t'épousant toi-même. Qu'y a-t-il, Camille ? Qui t'échauffe si fort ? Cette enfant s'est évanouie ; nous la ferons bien revenir ; il ne faut pour cela qu'un flacon de vinaigre ; tu as voulu me prouver que j'avais menti une fois dans ma vie ; cela est possible, mais je te trouve hardie de décider à quel instant. Viens, aide-moi à secourir Rosette.

Ils sortent.

Scène 7

Entrent le Baron et Camille

LE BARON. – Si cela se fait, je deviendrai fou.

CAMILLE. – Employez votre autorité.

LE BARON. – Je deviendrai fou, et je refuserai mon consentement, voilà qui est certain.

CAMILLE. – Vous devriez lui parler, et lui faire entendre raison.

LE BARON. – Cela me jettera dans le désespoir pour tout le carnaval, et je ne paraîtrai pas une fois à la cour. C'est un mariage disproportionné. Jamais on n'a entendu parler d'épouser la sœur de lait de sa cousine ; cela passe toute espèce de bornes.

CAMILLE. – Faites-le appeler, et dites-lui nettement que ce mariage vous déplaît. Croyez-moi, c'est une folie, et il ne résistera pas.

LE BARON. – Je serai vêtu de noir cet hiver, tenez-le pour assuré.

CAMILLE. – Mais parlez-lui, au nom du ciel. C'est un coup de tête qu'il a fait ; peut-être n'est-il déjà plus temps ; s'il en a parlé, il le fera.

LE BARON. – Je vais m'enfermer pour m'abandonner à la douleur. Dites-lui, s'il me demande, que je suis enfermé, et que je m'abandonne à ma douleur de le voir épouser une fille sans nom.

Il sort.

CAMILLE. – Ne trouverai-je pas ici un homme de cœur [1] ? En vérité, quand on en cherche, on est effrayé de sa solitude.

Entre Perdican.

Eh bien ! cousin, à quand le mariage ?

PERDICAN. – Le plus tôt possible ; j'ai déjà parlé au notaire, au curé, et à tous les paysans.

CAMILLE. – Vous comptez donc réellement que vous épouserez Rosette ?

PERDICAN. – Assurément.

CAMILLE. – Qu'en dira votre père ?

PERDICAN. – Tout ce qu'il voudra ; il me plaît d'épouser cette fille ; c'est une idée que je vous dois, et je m'y tiens. Faut-il vous répéter les lieux communs les plus rebattus sur sa naissance et sur la mienne ? Elle est jeune et jolie, et elle m'aime. C'est plus qu'il n'en faut pour être trois fois heureux. Qu'elle ait de l'esprit ou qu'elle n'en

---

1. Homme courageux.

ait pas, j'aurais pu trouver pire. On criera et on raillera ; je m'en lave les mains.

CAMILLE. – Il n'y a rien là de risible ; vous faites très bien de l'épouser. Mais je suis fâchée pour vous d'une chose : c'est qu'on dira que vous l'avez fait par dépit.

PERDICAN. – Vous êtes fâchée de cela ? Oh ! que non !

CAMILLE. – Si, j'en suis vraiment fâchée pour vous. Cela fait du tort à un jeune homme, de ne pouvoir résister à un moment de dépit.

PERDICAN. – Soyez-en donc fâchée ; quant à moi, cela m'est bien égal.

CAMILLE. – Mais vous n'y pensez pas ; c'est une fille de rien.

PERDICAN. – Elle sera donc de quelque chose, lorsqu'elle sera ma femme.

CAMILLE. – Elle vous ennuiera avant que le notaire ait mis son habit neuf et ses souliers pour venir ici ; le cœur vous lèvera au repas de noces, et le soir de la fête, vous lui ferez couper les mains et les pieds, comme dans les contes arabes, parce qu'elle sentira le ragoût.

PERDICAN. – Vous verrez que non. Vous ne me connaissez pas ; quand une femme est douce et sensible, franche, bonne et belle, je suis capable de me contenter de cela, oui, en vérité, jusqu'à ne pas me soucier de savoir si elle parle latin.

CAMILLE. – Il est à regretter qu'on ait dépensé tant d'argent pour vous l'apprendre ; c'est trois mille écus de perdus.

PERDICAN. – Oui, on aurait mieux fait de les donner aux pauvres.

CAMILLE. – Ce sera vous qui vous en chargerez, du moins pour les pauvres d'esprit[1].

PERDICAN. – Et ils me donneront en échange le royaume des cieux, car il est à eux.

CAMILLE. – Combien de temps durera cette plaisanterie ?

PERDICAN. – Quelle plaisanterie ?

CAMILLE. – Votre mariage avec Rosette.

PERDICAN. – Bien peu de temps ; Dieu n'a pas fait de l'homme une œuvre de durée : trente ou quarante ans, tout au plus.

CAMILLE. – Je suis curieuse de danser à vos noces.

PERDICAN. – Écoutez-moi, Camille, voilà un ton de persiflage qui est hors de propos.

CAMILLE. – Il me plaît trop pour que je le quitte.

PERDICAN. – Je vous quitte donc vous-même, car j'en ai tout à l'heure[2] assez.

CAMILLE. – Allez-vous chez votre épousée ?

PERDICAN. – Oui, j'y vais de ce pas.

CAMILLE. – Donnez-moi donc le bras ; j'y vais aussi.

Entre Rosette.

PERDICAN. – Te voilà, mon enfant ? Viens, je veux te présenter à mon père.

Rosette, se mettant à genoux.

Monseigneur, je viens vous demander une grâce. Tous les gens du village à qui j'ai parlé ce matin, m'ont dit que

---

1. L'expression évangélique veut dire *les pauvres en esprit*. Le sens est ici détourné pour signifier les imbéciles. Il s'agit d'une confusion courante.
2. Sens classique, maintenant, à l'instant, sur-le-champ.

vous aimiez votre cousine, et que vous ne m'avez fait la cour que pour vous divertir tous deux ; on se moque de moi quand je passe, et je ne pourrai plus trouver de mari dans le pays, après avoir servi de risée à tout le monde. Permettez-moi de vous rendre le collier que vous m'avez donné, et de vivre en paix chez ma mère.

CAMILLE. – Tu es une bonne fille, Rosette ; garde ce collier, c'est moi qui te le donne, et mon cousin prendra le mien à la place. Quant à un mari, n'en sois pas embarrassée, je me charge de t'en trouver un.

PERDICAN. – Cela n'est pas difficile, en effet. Allons, Rosette, viens, que je te mène à mon père.

CAMILLE. – Pourquoi ? Cela est inutile.

PERDICAN. – Oui, vous avez raison, mon père nous recevrait mal ; il faut laisser passer le premier moment de surprise qu'il a éprouvée. Viens avec moi, nous retournerons sur la place. Je trouve plaisant qu'on dise que je ne t'aime pas quand je t'épouse. Pardieu ! nous les ferons bien taire.

Il sort avec Rosette.

CAMILLE. – Que se passe-t-il donc en moi ? Il l'emmène d'un air bien tranquille. Cela est singulier : il me semble que la tête me tourne. Est-ce qu'il l'épouserait tout de bon ? Holà ! dame Pluche, dame Pluche ! N'y a-t-il donc personne ici ?

Entre un valet.

Courez après le seigneur Perdican ; dites-lui vite qu'il remonte ici ; j'ai à lui parler.

Le valet sort.

Mais qu'est-ce donc que tout cela ? Je n'en puis plus, mes pieds refusent de me soutenir.

Rentre Perdican.

PERDICAN. – Vous m'avez demandé, Camille ?

CAMILLE. – Non, non.

PERDICAN. – En vérité, vous voilà pâle ; qu'avez-vous à me dire ? Vous m'avez fait rappeler pour me parler.

CAMILLE. – Non, non. – Oh ! Seigneur Dieu !

Elle sort.

Scène 8

Un oratoire [1]
Entre Camille ; elle se jette au pied de l'autel

CAMILLE. – M'avez-vous abandonnée, ô mon Dieu ? Vous le savez, lorsque je suis venue, j'avais juré de vous être fidèle ; quand j'ai refusé de devenir l'épouse d'un autre que vous, j'ai cru parler sincèrement, devant vous et ma conscience ; vous le savez ; mon père, ne voulez-vous donc plus de moi ? Oh ! pourquoi faites-vous mentir la vérité elle-même ? Pourquoi suis-je si faible ? Ah, mal-heureuse, je ne puis plus prier.

Entre Perdican.

PERDICAN. – Orgueil, le plus fatal des conseillers humains, qu'es-tu venu faire entre cette fille et moi ? La voilà pâle et effrayée, qui presse sur les dalles insensibles son cœur et son visage. Elle aurait pu m'aimer, et nous étions nés l'un pour l'autre ; qu'es-tu venu faire sur nos lèvres, orgueil, lorsque nos mains allaient se joindre ?

CAMILLE. – Qui m'a suivie ? Qui parle sous cette voûte ? Est-ce toi, Perdican ?

PERDICAN. – Insensés que nous sommes ! nous nous aimons. Quel songe avons-nous fait, Camille ? Quelles

---

1. Probablement la chapelle du château.

vaines paroles, quelles misérables folies ont passé comme un vent funeste entre nous deux ? Lequel de nous a voulu tromper l'autre ? Hélas ! cette vie est elle-même un si pénible rêve ; pourquoi encore y mêler les nôtres ? Ô mon Dieu, le bonheur est une perle si rare dans cet océan d'ici-bas ! Tu nous l'avais donné, pêcheur céleste, tu l'avais tiré pour nous des profondeurs de l'abîme, cet inestimable joyau ; et nous, comme des enfants gâtés que nous sommes, nous en avons fait un jouet ; le vert sentier qui nous amenait l'un vers l'autre avait une pente si douce, il était entouré de buissons si fleuris, il se perdait dans un si tranquille horizon ! Il a bien fallu que la vanité, le bavardage et la colère vinssent jeter leurs rochers informes sur cette route céleste, qui nous aurait conduits à toi dans un baiser ! Il a bien fallu que nous nous fissions du mal, car nous sommes des hommes. Ô insensés ! nous nous aimons.

Il la prend dans ses bras.

CAMILLE. – Oui, nous nous aimons, Perdican ; laisse-moi le sentir sur ton cœur ; ce Dieu qui nous regarde ne s'en offensera pas ; il veut bien que je t'aime ; il y a quinze ans qu'il le sait.

PERDICAN. – Chère créature, tu es à moi !

Il l'embrasse ; on entend un grand cri der-rière l'autel.

CAMILLE. – C'est la voix de ma sœur de lait.

PERDICAN. – Comment est-elle ici ! Je l'avais laissée dans l'escalier, lorsque tu m'as fait rappeler. Il faut donc qu'elle m'ait suivi, sans que je m'en sois aperçu.

CAMILLE. – Entrons dans cette galerie ; c'est là qu'on a crié.

PERDICAN. – Je ne sais ce que j'éprouve ; il me semble que mes mains sont couvertes de sang.

CAMILLE. – La pauvre enfant nous a sans doute épiés ; elle s'est encore évanouie ; viens, portons-lui secours ; hélas ! tout cela est cruel.

PERDICAN. – Non, en vérité, je n'entrerai pas ; je sens un froid mortel qui me paralyse. Vas-y, Camille, et tâche de la ramener.

Camille sort.

Je vous en supplie, mon Dieu ! ne faites pas de moi un meurtrier ! Vous voyez ce qui se passe ; nous sommes deux enfants insensés, et nous avons joué avec la vie et la mort ; mais notre cœur est pur ; ne tuez pas Rosette, Dieu juste ! Je lui trouverai un mari, je réparerai ma faute ; elle est jeune, elle sera riche, elle sera heureuse ; ne faites pas cela, ô Dieu, vous pouvez bénir encore quatre de vos enfants. Eh bien ! Camille, qu'y a-t-il ?

Camille rentre.

CAMILLE. – Elle est morte. Adieu, Perdican.

DOSSIER

Si elle a recours a quelques procédés conventionnels, comme les personnages cachés ou la lettre interceptée, l'action évolue premièrement grâce au dialogue dans *On ne badine pas avec l'amour.* Camille et Perdican n'ont pas moins de sept entretiens, dont l'un occupe une large partie de la pièce (II, 5). Camille ne déclare-t-elle pas : « J'aime la discussion [1] » ? Ces échanges organisent et modifient les rapports de force entre les personnages, même s'il s'agit en apparence de dialogues à bâtons rompus, de conversations en liberté. L'art de Musset consiste pour une grande part à « métamorphoser en dialogue dramatique, gouverné et orienté, une volée de propos en l'air, dont il s'attache à conserver néanmoins le brasillement spontané [2] ». Évoluant selon les sentiments des personnages, la conversation opère une sorte de décantation, où les sentiments réels constituent souvent le non-dit, alors que, obéissant à la logique du mensonge, du masque, du stratagème, les paroles expriment des sentiments feints. À la différence de ce qui se passe dans les pièces de Marivaux, ce n'est pas grâce au contenu du dialogue, dans le cheminement mot en mot que s'effectue cette progression, mais par le silence qui sépare deux entretiens entre les mêmes personnages et sur les mêmes sujets. L'évolution des sentiments se fait le plus souvent à demi-mot, par bonds, gambades et coups d'éclat. Ainsi, tout le jeu dramatique repose-t-il sur la tension entre le secret, la ruse et l'aveu, entre l'apparence et la réalité, entre l'explicite et l'implicite, entre l'entente

---

1. *On ne badine pas avec l'amour*, acte III, sc. 6.
2. Bernard Masson, *Théâtre et langage ; essai sur le dialogue dans les comédies de Musset*, Minard, 1977, p. 7-8.

et la mésentente, entre l'entendu et le malentendu, entre l'intelligible et le sensible.

On citera encore Bernard Masson pour insister sur la valeur de maïeutique [1] que prend le dialogue dans la pièce :

> Un homme, par la seule vertu de sa parole, révèle à une femme la vérité profonde de sa nature qu'ont oblitérée la pudeur, les bienséances, le romanesque, l'éducation et, d'une manière générale, toutes les forces de contrainte qui brisent le libre jeu de l'instinct, toutes les formes qu'ont accoutumé de revêtir le mensonge social ou la rébellion contre l'ordre du monde. Le dialogue se fait alors « maïeutique », dessillant les yeux obscurcis de la femme et l'obligeant à regarder au fond d'elle-même pour y découvrir la vérité intérieure qu'elle ne pouvait ou ne voulait pas voir : ainsi [...] Camille en face de Perdican. Et, dans la plupart des cas, cette maïeutique sera suivie d'effets dont les conséquences parfois seront lourdes [...] : Camille, après s'être trop longtemps fermée à l'appel de Perdican, lira clairement dans son cœur, mais trop tard [2].

Le dialogue serait alors une tentative pour s'accorder avec soi-même et avec le monde. Perdican s'emploie à rendre Camille au réel. Camille, de son côté, entend faire prendre conscience à Perdican des aspirations de l'être féminin. Il s'agit de comprendre, de se comprendre, de s'accepter, d'atteindre à l'intégrité de soi et à la sincérité des relations. Le dialogue oppose sa vie, sa substance, sa vibration, sa diversité, ses nuances à un univers hiérarchisé, figé, fondé sur des préceptes et des dogmes, y compris religieux, monomaniaque en somme : les fantoches sont incapables de vraiment dialoguer, ils parlent, mais tout seuls. À la stabilité mortifère, répond la mobilité, la labilité de la parole échangée. Le personnage joue sa vie

---

1. On appelle maïeutique la méthode employée par Socrate, fils de sage-femme, pour accoucher les esprits des pensées qu'ils contiennent sans le savoir. Par extension, on parle d'un dialogue maïeutique lorsqu'il permet de dévoiler une vérité.

2. *Théâtre et langage, op. cit.*, p. 40-41.

dans et par le dialogue. On comprend mieux alors le drame : la vocation de Camille, au fond victime du langage, procédait en grande partie des confidences de sa compagne de cellule, donc d'un dialogue marqué par la mort ; son duo final avec Perdican, qui pourrait être dialogue de vie, se fait mortifère. Rosette, victime de dialogues qu'elle ne maîtrisait pas et qui auraient dû être ceux de la vérité et de l'authenticité si Perdican ne les avait faussés, meurt des paroles échangées entre Camille et Perdican, seul vrai dialogue qui lui révèle le mensonge auquel elle a cru. La pièce se termine sur une ironie tragique [1].

Les premières phrases de la dernière scène donnent l'ultime clé de la pièce : il ne faut pas badiner avec le langage. Camille s'adresse à Dieu :

J'ai cru parler sincèrement, devant vous et ma conscience.

et Perdican fait parallèlement le même constat de vanité :

Quelles vaines paroles [...] ont passé comme un vent funeste entre nous deux [2].

Les deux jeunes gens ont passé leur temps à parler à tort et à travers. Ils ont laissé le dialogue suivre sa pente sans le redresser, sans laisser à la vérité la possibilité de s'exprimer sans détours. Ils ont cru pouvoir jouer impunément avec les mots, grâce aux mots. Ils ont eu tort.

---

1. Comme dans la tragédie grecque, une parole est lancée qui ne terminera sa course que par la mort de quelqu'un. Toute l'action tient au développement et à la résolution de cette parole maudite. Rosette n'a pas été épousée mais en a reçu la promesse, elle assiste aux aveux de Perdican et de Camille. Par la promesse, les mots se sont inscrits dans la réalité comme des actes. Elle meurt de la contradiction insoutenable entre une parole passée et une parole présente.
2. *On ne badine pas avec l'amour*, acte III, sc. 8.

— *Le masque et le sérieux*

Le recours au masque permet d'appréhender le théâtre d'Alfred de Musset dans son ensemble :

> Le caractère factice de cette société (dont le paraître a absorbé l'être et dont la raideur, la gesticulation absurde et le manque de cœur viennent sans cesse contrarier les efforts des êtres jeunes qui ont choisi de jouer le jeu difficile de la vie et de l'amour) ne pouvait être mieux mis en lumière qu'en accentuant la théâtralité du théâtre [...]. De là l'importance du thème du masque et du déguisement qui se rencontre dans toutes les pièces que Musset a écrites entre 1830 et 1834 [1].

Moyen privilégié du jeu théâtral, stratégie du Je, le masque devient dérision et procédure de vérité, artifice et travail du moi, défense de soi et visée de l'Autre. Symptôme et remède de la maladie du paraître, il permet au personnage désireux de se réaliser et/ou de parvenir à ses fins de faire tomber les déguisements derrière lesquels s'abritent les autres.

Mais un prix exorbitant doit être payé : la stratégie du masque écrase les êtres désarmés, compromet l'intégrité des joueurs et met au jour la tentation maléfique présente en leur « profondeur ». Engageant sérieusement l'individu, il s'avère mortel. Les stratagèmes de Camille et Perdican produisent des effets « physiques » :

> Il me semble que la tête me tourne [2].
> Il me semble que mes mains sont couvertes de sang [3].

---

1. Max Milner et Claude Pichois, *Histoire de la littérature française*, t. 7. *De Chateaubriand à Baudelaire*, GF-Flammarion, 1996, p. 310.
2. *On ne badine pas avec l'amour*, acte III, sc. 7.
3. *Ibid.*, acte III, sc. 8.

Le masque, ses mensonges, ses contraintes détruisent. Il est donc bien une affaire sérieuse, d'autant qu'il demeure peut-être, au terme d'une dissolution, ou d'une absence d'identité, ou d'être, l'unique modalité d'« existence » des personnages. Ce qu'ils ont de plus profond, serai[en]t-ce justement ce[s] masque[s] qui leur tien[nen]t lieu de « peau » ?

Sans évidemment atteindre l'ampleur du jeu du masque dans *Lorenzaccio*[1], *On ne badine pas avec l'amour* en présente un traitement assez complexe et intéressant. Camille en fait un moyen de protection et une nécessité pour la femme dans une société qui la traite en objet. Elle s'en sert comme d'une arme contre Perdican afin de l'amener à jeter son propre masque. Camille est une virtuose du masque : la prude, la coquette, l'indifférente... Mais cette habileté se retourne contre elle : elle joue si bien qu'elle trompe totalement Perdican qui croit aux dires et aux lettres de la jeune fille et surtout à sa propre maîtrise des signes :

> D'ailleurs il est clair qu'elle ne se soucie pas de moi[2].

Mais, qui plus est, elle-même n'est pas sûre de comprendre Perdican :

> Est-ce qu'il m'aimerait, par hasard[3] ?
> Est-ce qu'il l'épouserait tout de bon[4] ?

Significatif parallélisme, de nature comique, mais dont la portée dramatique (incompréhension fatale et enfermement dans l'erreur) est radicalisée par la présence d'un

---

1. Lorenzo, pour tuer Alexandre de Médicis, a dû s'introduire dans son entourage et se complaire dans le vice. Son masque a pris la place de son innocence initiale, il a perdu toute autre identité. Perdican, contrairement à Lorenzo, finit par déchirer son masque de jeune homme orgueilleux même s'il est trop tard. Il conserve une vraie identité sous son déguisement.
2. *On ne badine pas avec l'amour*, acte III, sc. 1.
3. *Ibid.*, acte III, sc. 6.
4. *Ibid.*, acte III, sc. 7.

tiers, victime obligée de la mécanique enclenchée par l'orgueil et alimentée par le doute.

Perdican, quant à lui, se réfugie tantôt derrière le « monde mystérieux des rêves de [s]on enfance [1] », tantôt derrière une apologie de la passion amoureuse, tantôt derrière un rôle de Don Juan auprès de Rosette et une doctrine de l'amour comme seule règle de vie, s'obligeant à agir pour être (comme Lorenzo). Mais aucune de ces dissimulations ne peut se maintenir longtemps. Perdican est contraint par le jeu de Camille – véritable ordonnatrice de l'intrigue – de changer de masque, alors que Camille, elle, le modifie volontairement. Surtout, elle le contraint à continuer de feindre un amour pour Rosette : il doit être fidèle à l'image de lui qu'il a proposée à la jeune paysanne, celle d'un homme de parole. L'apôtre de la passion se trouve réduit à l'un de ses rôles. Il est piégé, sauf à laisser tomber ce masque et tous les autres. Par ailleurs, l'énigme que représente pour lui Camille, décidément insaisissable, le fait se retourner sur lui-même et énoncer comiquement l'opacité de ses propres sentiments :

Je l'aime, cela est sûr [...] il est clair que je ne l'aime pas [2].

Les deux jeunes gens sont masqués à eux-mêmes. Leur préoccupation première, ne pas donner prise à l'autre, les aveugle sur eux-mêmes. L'exploitation comique ferait évoluer les personnages de l'obscurité et de l'erreur vers la pleine lumière et transformerait l'amour de soi en amour de l'autre, métamorphoserait l'affrontement en échange, rendrait le masque inutile. Le traitement tragique maintient le masque jusqu'au bout et interdit l'abdication de l'orgueil, l'exacerbant en *hubris* [3].

---

1. *Ibid.*, acte I, sc. 4.
2. *Ibid.*, acte III, sc. 1.
3. En grec, le mot *hubris* signifie excès, arrogance, il s'oppose à la vertu qui réside dans la mesure et le juste milieu. Le personnage d'Ajax illustre cette notion : trompé par Athéna, il livre bataille à un troupeau de bœufs et perd, par cet acte incontrôlé, sa réputation et sa valeur morale.

Musset combine les deux issues en faisant se succéder dénouement heureux (reconnaissance mutuelle et aveu de l'amour) et fin tragique (interdit jeté sur l'amour par la mort provoquée par l'orgueil). Perdican et Camille éprouvent donc la contradiction entre l'obligation de porter un masque et les conséquences de ce port. L'univers comique se dérègle, plus encore qu'il ne contraste avec une logique tragique qui viendrait le contredire. À la fantaisie, il substitue le drame ; à la légèreté, il ajoute le poids des enjeux symboliques ; aux détours du jeu amoureux, il ouvre les chemins semés des chausse-trapes de l'orgueil. En dernier lieu, le masque travestit moins qu'il ne révèle le malaise intérieur.

Perdican rejette un monde de phoques croupissants, Camille dénonce le malheur des femmes. Tous deux forment couple, un couple monstrueux, dans la conjugaison de leurs supériorités, de leur jugement catégorique sur le monde. Sont-ils si éloignés d'un Lorenzo qui affirme « connaî[tre] les hommes[1] » ? Tous des doctes, tous des contempteurs... Camille et Perdican ont laissé le mal s'accomplir, comme Lorenzo s'est complu dans la fange[2].

Comme lui, ils ont exercé un pouvoir, au nom d'une entreprise purement personnelle, baptisée quête de la vérité, autre nom de la quête du moi.

L'orgueil apparaît bien comme l'une des dynamiques privilégiées de la pièce. Si le masque paralyse l'individu dans une insoluble contradiction (réaliser l'accomplissement d'un moi qui se révèle atteint dans son identité même), il fige également le monde dans une insupportable vérité dès lors qu'il a été levé. Se répondent alors deux immobilités : celle d'une société démasquée (« le

---

1. *Lorenzaccio*, acte III, sc. 3.
2. Dans les deux cas, le masque est instrument de mort. Par sa présence dans *Lorenzaccio* – Lorenzo avance caché pour pouvoir tuer – ou par sa chute dans *On ne badine pas avec l'amour* – Rosette meurt quand Perdican retire le sien.

monde n'est qu'un égout sans fond [1] »), celle de personnages qui aboutissent à la mort réelle ou symbolique, une
mort qui vient abolir tout changement en eux, et annule
toute leur démarche, ce but illusoire du rassemblement
du moi et/ou de la fondation de son identité. Ramenés,
réduits alors à leurs masques, condamnés à interpréter
leur gesticulation, ils ne sont plus que des « être(s) fac-
tice(s) créé(s) par (leur) orgueil [2] ». Emblèmes ironiques
de la nature même du théâtre, ils mettent en scène la
perte du moi, cette intolérable souffrance. « Ah ! frappe-
toi le masque, c'est là qu'est ton cœur [3]... » pourrait-on
dire. Le romantisme de Musset se déploie dans cette
ambivalence.

1. *On ne badine pas avec l'amour*, acte II, sc. 5.
2. *Ibid.*, acte II, sc. 5.
3. En parodiant le vers de Musset « Ah ! frappe-toi le cœur, c'est là
qu'est le génie », *À mon ami Édouard B.*, 1832, in Musset, *Poésies com-
plètes*, Gallimard, « Bibliothèque de la Pléiade », 1957, p. 128.

UNE PIÈCE INTEMPORELLE ?

L'action se déroule en trois journées. C'est l'unité de ce que l'on appelle le « grand jour », celui qui doit décider du destin des héros, pris dans une situation de crise (voir dossier, p. 126). Pour analyser le temps dans la pièce, il faut prendre en considération le temps social, le temps naturel, le temps de l'apprentissage, le temps des masques... Autrement dit, le temps doit être pensé selon des tensions et des étapes, et prendre en compte l'accélération dramatique [1].

Il faut tout d'abord remarquer une impression d'intemporalité. Les repères historiques sont volontairement brouillés. Si le Baron gouverne, on ne sait trop si l'on se trouve à une époque de féodalité. La monarchie évoquée est bien vague. Plusieurs indices nous situent sous l'Ancien Régime et installent une atmosphère XVIIIe siècle, mais l'on pourrait aussi trouver des éléments qui nous renvoient à l'époque de la Restauration (1814-1830). En tout état de cause, toute référence à la Révolution se trouve apparemment évacuée, à moins que l'on ne voie dans le traitement burlesque de la gloire patriarcale et féodale du Baron une trace révolutionnaire.

---

1. Le temps théâtral possède une double nature :
– le temps scénique, c'est-à-dire le temps vécu par le spectateur confronté à l'événement théâtral, et qui se déroule dans un présent continu ;
– le temps extra-scénique ou dramatique, c'est-à-dire le temps de la fiction dont parle le spectacle.
Le temps théâtral se définit alors comme le rapport de la temporalité de la représentation et de la temporalité de l'action représentée.

Il s'agit d'évacuer l'Histoire, et de nous situer hors d'un temps précisément daté. On n'est pas loin de l'utopie propice au développement d'une méditation sur l'amour et sur la destinée. Pourtant, le fond du dialogue entre Camille et Perdican fait directement écho à des préoccupations romantiques et nous ramène donc au XIXᵉ siècle.

DÉCORS ET LIEU

Les 18 scènes se déroulent dans 15 endroits différents, le plus souvent désignés par l'article indéfini. Quand l'article défini est employé, il ne sert guère à caractériser le lieu. Par exemple : le salon du baron ; le petit bois.

Seules les scènes de l'acte III se succèdent sans changement de décor, alors que les actes I et II rythment leurs scènes selon le changement. À vrai dire, il vaudrait mieux parler de 18 tableaux et de 15 décors que Paul de Musset ramènera à 3 dans la version de 1861 (voir présentation, p. 13) et permet de distinguer ainsi lieu et décor. Tout se passe dans un lieu unique : un château et ses environs, l'aire où s'exerce le pouvoir du Baron. Tout s'organise dans un tissu social serré, avec une répartition simple, constituant une véritable unité affective, manifestée notamment par la présence du chœur, liée par un réseau dense de relations entre le château et la campagne.

Les deux premiers actes se déroulent plutôt à l'extérieur et accordent une plus grande place à la vie publique. En revanche, l'intimité l'emporte dans le dernier acte.

Peut-être au fond n'est-il qu'un seul lieu mental pour l'action dans *On ne badine pas avec l'amour*, celui du monde de l'enfance où reviennent les jeunes héros. Château, bois, jardin, champ participent de ce lieu unique, comme si Musset jouait avec l'unité de lieu classique (voir dossier, p. 126), le proverbe s'annexant ainsi ironiquement les caractéristiques du « grand » théâtre [1].

Bien entendu, ce lieu agreste se donne comme campagne vue par un citadin, avec tout ce que cela implique de simplification, d'idéalisation, de stylisation et par-dessus tout de convention. Nature complice, paysage verdoyant évoqué par des moyens discrets, fluidité des décors naissant de paroles (notamment lorsque Perdican retrouve les points de repère de son enfance : « ma vallée », « mes noyers »). Ce paysage est donc lié au souvenir et au rêve, et il relève pleinement du romantisme.

Notons que l'absence de Cité, combinée à cette forte présence des lieux traditionnels de l'idylle et de l'églogue, signifie également l'absence de l'Histoire. On se situe hors du monde réel et hors du siècle, comme nous l'avons vu à propos du temps.

NATURE ET SOCIÉTÉ

La dominante printanière, estivale et bucolique laisse cependant progressivement place à l'enfermement et à l'assombrissement. Une répartition se fait jour : amour et nature d'un côté ; drame dans l'espace clos de la chambre ou de l'oratoire de l'autre. La pièce se partage entre extérieurs et intérieurs, formant ainsi un contrepoint entre l'intimité et la socialité, entre le monde des

---

1. L'espace théâtral possède lui aussi une double nature :
– l'espace scénique, c'est-à-dire l'espace réel de la scène où évoluent les acteurs ;
– l'espace dramatique, c'est-à-dire l'espace dont parle le texte, espace abstrait, que le spectateur doit construire.
Il faut également prendre en considération :
– l'espace scénographique : l'espace où se situent acteurs et spectateurs au cours de la représentation ;
– l'espace ludique : celui créé par l'acteur, sa gestuelle, ses déplacements ;
– l'espace intérieur : l'espace scénique en tant que représentation d'un fantasme, d'un rêve, d'une vision du dramaturge ou du personnage. L'espace théâtral est la résultante de tous ces espaces.

grotesques, qui évoluent beaucoup *intra muros* (par exemple les repas, ou le Baron se réfugiant dans son cabinet) – ce qui est à la mesure de leur étroitesse et de leur rigidité d'esprit – et celui de l'amour, avec une prédilection pour les charmilles et bosquets, ces chambres de verdure propices aux badinages du cœur. L'action se déroule d'abord dans un climat aimable, puis indécis, avant de basculer dans la catastrophe. En même temps, elle se dépouille des éléments de pittoresque extérieur, pour se circonscrire à un affrontement sans concession. Cette intériorisation progressive est sensible dans le choix des décors.

Tout indique et chante l'appel de la nature. Celle-ci devrait unir les jeunes gens et les faire communier dans la transparence d'une parole authentique. Contre elle se manifeste la dénaturation des fantoches, qui figure comiquement le carcan du social. Leur bêtise stylisée, leur parole figée vont de pair avec le motif de la clôture, qui triomphe dans l'oratoire, lequel aurait dû être le lieu de la sanctification de l'amour mais se transforme en lieu de mort.

Il faut souligner l'harmonie du personnage et du fond sur lequel il évolue ou apparaît (par exemple Rosette à sa croisée), ainsi que le déterminisme exercé par le lieu sur la communication des êtres, qui établit une alternance, ou une dialectique, de l'harmonie et de la dysharmonie. Ainsi Perdican et Camille se rencontrent pour la première fois dans le salon, lieu de la Loi, de l'Ordre des grotesques, lieu social et non pas lieu naturel. Musset met en œuvre tout un jeu subtil sur les correspondances et les discordances entre sentiment et milieu.

Le poids du social, cet obstacle majeur, est également figuré par le rythme socialisé du temps, dont le Baron se veut le grand ordonnateur, lui qui entend régler l'horloge des êtres, alors que c'est à la nature de le faire. Aimer impose de se dépouiller des conventions, des attaches contraignantes. Aimer représente le salut dans un monde hostile ou difficile, et la reconstitution d'un monde harmonieux :

> Nous prendrons racine ensemble dans la sève d'un monde tout-puissant [1].

Or cette union ne se produit pas, cédant la place à l'amour-propre et à l'orgueil, et donc au jeu des masques, qui fait triompher l'opacité des langages, et d'abord de celui de la religion, qui occulte, réprime, voile. Le temps des personnages va dès lors concentrer les étapes d'un apprentissage du cœur, de la contrainte, de la déception. La conquête de la vérité et le retour à la parole pure se soldent par une mort, celle du seul personnage qui a maintenu tout au long de la pièce sa foi dans les mots et dans la nature, du personnage qui ne jouait pas, disposant déjà de sa vérité.

La pièce se fait, pour les êtres jeunes, leçon de lecture d'un environnement social, de leur moi, de l'autre. À cet apprentissage de la souffrance, s'oppose l'incapacité des fantoches à évoluer, eux qui sont parvenus au terme de leur dénaturation. Des regards se forment, un aveuglement se confirme.

Le retour manqué

La pièce est d'abord celle d'un retour, retour au château, retour à l'enfance, retour à l'origine, mais aussi menace du retour à l'Ordre des fantoches. Comme les repères historiques, la localisation est estompée. Il s'agit d'une Île-de-France stylisée comme si l'on se trouvait devant un tableau de Watteau ou de Lancret. Cette imprécision concentre l'intérêt dramatique autour de quelques lignes de force : le conflit des générations, les rapports entre nature et culture, l'opposition entre le langage de la transparence et le langage d'emprunt fait de

---

1. *On ne badine pas avec l'amour*, acte III, sc. 3.

lieux communs ou d'idées implantées dans l'esprit et inculquées par autrui ou par les institutions sociales, etc.

Le moment est celui d'une crise. L'Ordre du Baron et du château s'oppose à la maturation des héros jeunes passant à l'âge adulte. De même s'opposent les cœurs et l'éducation reçue, le langage du savoir et de la foi se substituant à la parole authentique. Le trio amoureux Perdican/Camille/Rosette subit un apprentissage à l'issue tragique.

Stylisation des éléments, création d'un paysage mental par les mots, accord des personnages ainsi que des situations et des décors, tout dessine des harmoniques qui seront menacées ou détruites. Perdican passe d'une harmonie perdue ou contrariée avec Camille à l'harmonie temporaire avec Rosette. Camille est déchirée entre enfermement et ouverture. Le printemps des cœurs se trouve lui aussi compromis, alors que la glaciation des fantoches semble l'emporter.

Toute la pièce nous fait passer d'un salon à un oratoire. Entre les deux, la nature se trouve comme annulée, après avoir été si présente. Les êtres se sont dévoilés, ont appris à parler, mais cet aboutissement n'ouvre pas sur la fécondité de l'amour. Il débouche au contraire sur la stérilité et la mort, au terme d'une accélération dramatique.

On ne badine pas avec l'amour se révèle théâtre de l'échec, celui du retour, celui d'un nouveau départ. Ne restent que des êtres pétrifiés, les fantoches, des solitaires et un cadavre. Même s'il est parvenu à énoncer une vérité, le langage a perdu la bataille. Sa vertu naturelle meurt avec Rosette. Camille ne peut que faire un constat : « Elle est morte. » Alors que sont de plus en plus nombreux dans la dernière scène les verbes être, vouloir, aimer, cette apparente maîtrise de la parole équivalant à une compréhension et une maîtrise de soi ne permet pas une maîtrise de la vie.

Toutes les alternances qui dynamisaient la pièce (plaisant/sérieux ; intérieur/extérieur ; nature/culture) ont finalement eu lieu sur un fond qui ne cessait de s'assombrir. Il s'agissait pour les protagonistes d'apprendre à se rencontrer pour se reconnaître et se parler vraiment. Au moment où ils y parviennent enfin, cette « première (vraie) rencontre » se transforme tragiquement en une « dernière fois ». Le temps s'arrête, l'espace se referme, la parole meurt.

LA GÉNÉRATION ROMANTIQUE

La Confession d'un enfant du siècle fut publiée en 1836. Selon le projet initial, il devait s'agir d'un roman qui raconterait la relation de Musset avec George Sand. Si l'on retrouve trace d'une histoire d'amour où le badinage finit par laisser place à la tragédie, l'auteur avait finalement opté pour une adresse au public du siècle à la manière de Chateaubriand :

> Trois éléments partageaient donc la vie qui s'offrait alors aux jeunes gens : derrière eux un passé à jamais détruit, s'agitant encore sur ses ruines, avec tous les fossiles des siècles de l'absolutisme ; devant eux l'aurore d'un immense horizon, les premières clartés de l'avenir ; et entre ces deux mondes… quelque chose de semblable à l'Océan qui sépare le vieux continent de la jeune Amérique, je ne sais quoi de vague et de flottant, une mer houleuse et pleine de naufrages, traversée de temps en temps par quelque blanche voile lointaine ou par quelque navire soufflant une lourde vapeur ; le siècle présent, en un mot, qui sépare le passé de l'avenir, qui n'est ni l'un ni l'autre et qui ressemble à tous deux à la fois, et où l'on ne sait, à chaque pas qu'on fait, si l'on marche sur une semence ou sur un débris [1].
>
> Voilà dans quel chaos il fallut choisir alors ; voilà ce qui se présentait à des enfants pleins de force et d'audace, fils de l'Empire et petits-fils de la Révolution.
>
> Or, du passé, ils n'en voulaient plus, car la foi en rien ne se donne ; l'avenir, ils l'aimaient, mais quoi ? comme Pygmalion

---

1. La perte d'une enfance heureuse et la recherche vaine d'un avenir de plénitude structurent le drame d'*On ne badine pas avec l'amour*. Les personnages sont prisonniers d'une réalité factice, entre un passé idyllique et un futur incertain.

Galathée ; c'était pour eux comme une amante de marbre, et ils attendaient qu'elle s'animât, que le sang colorât ses veines [1].

Il leur restait donc le présent, l'esprit du siècle, ange du crépuscule, qui n'est ni la nuit ni le jour ; ils le trouvèrent assis sur un sac de chaux plein d'ossements, serré dans le manteau des égoïstes, et grelottant d'un froid terrible. L'angoisse de la mort leur entra dans l'âme à la vue de ce spectre moitié momie et moitié fœtus ; ils s'en approchèrent comme le voyageur à qui l'on montre à Strasbourg la fille d'un vieux comte de Saverden, embaumée dans sa parure de fiancée. Ce squelette enfantin fait frémir, car ses mains fluettes et livides portent l'anneau des épousées, et sa tête tombe en poussière au milieu des fleurs d'oranger [2].

Comme à l'approche d'une tempête il passe dans les forêts un vent terrible qui fait frissonner tous les arbres, à quoi succède un profond silence, ainsi Napoléon avait tout ébranlé en passant sur le monde ; les rois avaient senti vaciller leur couronne, et, portant leur main à leur tête, ils n'y avaient trouvé que leurs cheveux hérissés de terreur. Le pape avait fait trois cents lieues pour le bénir au nom de Dieu et lui poser son diadème ; mais il le lui avait pris des mains. Ainsi tout avait tremblé dans cette forêt lugubre [des puissances] de la vieille Europe ; puis le silence avait succédé.

On dit que, lorsqu'on rencontre un chien furieux, si l'on a le courage de marcher gravement, sans se retourner, et d'une manière régulière, le chien se contente de vous suivre pendant un certain temps, en grommelant entre ses dents ; tandis que, si on laisse échapper un geste de terreur, si on fait un pas trop vite, il se jette sur vous et vous dévore ; car, une fois la première morsure faite, il n'y a plus moyen de lui échapper.

---

1. Camille, élevée dans la froideur du couvent, au son des plaintes désespérées de vieilles femmes malheureuses, ressemble à cette amante de marbre. Elle ne s'animera qu'un court instant, avant que la mort dramatique de Rosette ne la renvoie à l'atmosphère glaciale du couvent.
2. Le squelette et le thème du macabre en général constituent un des motifs fondamentaux du romantisme. On peut penser par exemple à *La Vie de Rancé* (fin du livre I) où la poussière s'ajoute aux éléments morbides : « ces souvenirs qui s'en vont en poussière [...]. Ce sont des jeux finis que des fantômes retracent dans les cimetières... » ou au passage des *Mémoires d'outre-tombe* cité plus bas.

Or, dans l'histoire européenne, il était arrivé souvent qu'un souverain eût fait ce geste de terreur et que son peuple l'eût dévoré ; mais si un l'avait fait, tous ne l'avaient pas fait en même temps, c'est-à-dire qu'un roi avait disparu, mais non la majesté royale. Devant Napoléon la majesté royale l'avait fait ce geste qui perd tout, et non seulement la majesté, mais la religion, mais la noblesse, mais toute puissance divine et humaine.

Napoléon mort [1], les puissances divines et humaines étaient bien rétablies de fait ; mais la croyance en elles n'existait plus. Il y a un danger terrible à savoir ce qui est possible, car l'esprit va toujours plus loin. Autre chose est de se dire : Ceci pourrait être, ou de se dire : Ceci a été ; c'est la première morsure du chien.

Napoléon despote fut la dernière lueur de la lampe du despotisme ; il détruisit et parodia les rois, comme Voltaire les livres saints. Et après lui on entendit un grand bruit ; c'était la pierre de Sainte-Hélène qui venait de tomber sur l'ancien monde. Aussitôt parut dans le ciel l'astre glacial de la raison ; et ses rayons, pareils à ceux de la froide déesse des nuits, versant de la lumière sans chaleur, enveloppèrent le monde d'un suaire livide.

PERDICAN OU L'IMPOSSIBLE QUÊTE DE SOI

Perdican attend la scène 5 pour énoncer sa foi en l'amour. Auparavant, il a rappelé son passé.

La pièce décrit la quête de soi du personnage, qui va se déployer dans le temps et l'espace, dans le langage.

À son entrée sur scène, Perdican se définit d'emblée comme le jeune homme à marier en raison d'une majorité atteinte et d'une inscription virtuelle dans le social.

---

1. Chateaubriand achève les *Mémoires d'outre-tombe* en décrivant la fin de Napoléon et du monde auquel il donnait sens. De quarante ans l'aîné de Musset, Chateaubriand désespère d'avoir à subir « le mal du siècle » : « Pourquoi ai-je survécu au siècle et aux hommes auxquels j'appartenais par la date de ma vie ? [...] Pourquoi suis-je le seul à chercher leurs os dans les ténèbres et la poussière d'une catacombe remplie ? Je me décourage de durer. »

Mais deux obstacles apparaissent : le discours des autres sur lui ; l'Autre, sous la forme des puissants (le père, détenteur d'un pouvoir familial...) ou de la femme [1].

La quête de soi s'avère dès lors gestion du temps théâtral : pour Perdican, tout est déterminé par la résistance de Camille et la volonté de se venger, d'où l'accélération de l'acte III. Ainsi le jeune homme est déterminé par une liberté fondatrice : aimer pour être, ce qui explique l'entreprise de séduction de Rosette, stratagème et application, faute d'un autre objet, d'un programme de vie. Le héros trouve un correspondant obéissant au même principe. Camille duplique Perdican en lui opposant sa propre liberté. Mais le doute sur soi (« je l'aime, cela est sûr [...] il est clair que je ne l'aime pas [2] ») contredit l'action et partant l'affirmation de soi. D'où la nécessité renforcée d'agir et la mise en scène d'une urgence.

Le rapport à l'espace trouve ici l'une des modalités de sa cohérence : Perdican, libre de ses mouvements, cherche un ancrage : sera-ce le village de l'enfance ou le château de la maturité ? Plus profondément, le rapport au langage dialectise la quête de soi. Le héros doit mentir pour agir. Perdican ment à Rosette pour atteindre Camille. Parole instrumentale au service de la cause du moi.

Contraint de biaiser, le héros jeune doit s'affirmer à lui-même qu'il ne fait rien d'autre que se retrouver, qu'il refonde son authenticité. Mais cet apprentissage de la duplicité va de pair avec l'affirmation d'un orgueil. Pour être, il faut être supérieur, se distinguer et se faire distinguer. Le masque trouve sa légitimité dans la volonté d'héroïsation de soi.

---

1. Perdican revient dans son village natal et tente de retrouver son enfance. Il reproche à Camille de refuser ce retour nostalgique, se rapproche de Rosette parce qu'elle n'a pas oublié. Le personnage de Perdican va se heurter à l'impossibilité du retour, et même, par son jeu avec Rosette, détruire le dernier lien à ce passé.
2. *On ne badine pas avec l'amour*, acte III, sc. 1.

Vouloir être implique de se situer par rapport aux autres définis soit comme des ennemis masqués, soit comme des énigmes à dévoiler. Mais l'entreprise se heurte à la défense que l'Autre met en place pour se préserver de la mainmise que le héros entend exercer, défense qui se fait attaque (Camille). L'orgueil se nourrit de ces échecs. Perdican fait de Camille, énigme irritante, un ennemi à réduire. Son masque, de stratégie – donc pensé de manière dynamique et évolutive – risque de devenir mode d'être. Il est identifié à la prééminence de soi. D'erreur imposée aux autres, donc produit d'un calcul, il se transforme en erreur sur soi.

Perdican propose à autrui des attitudes, des poses. Mais en même temps, son masque cache le personnage à lui-même, l'accompagne d'un double et le fait s'interroger sur lui-même. Levé, il ne révèle rien d'autre que l'horreur de soi. Ainsi le trajet de ce personnage n'aura été qu'une errance. Dans *Lorenzaccio*, le héros ne se réunit pas, ou ne peut ériger sa vérité enfin dite en fondation.

> Il n'y a de changé en moi qu'une misère : c'est que je suis plus creux et plus vide qu'une statue de fer-blanc [1].

La dialectique s'avère indépassable contradiction. Comme Lorenzo s'est épuisé en gesticulations et pratiques délétères, Perdican est renvoyé à la rhétorique mortelle de son discours amoureux, désormais confronté à la déploration du bonheur inaccessible.

La quête de soi se métamorphose en dynamique d'une aliénation. D'où l'insistance que le héros met à énoncer sa différence, sur le mode du refus des qualifications par autrui (Perdican nie être un savant) ou par l'exposé de son savoir (« il y a au monde une chose sainte et sublime [2] »), ce qui lui confère l'expérience des... vieillards. D'où sa fascination pour son propre destin, cohérence restituée à une existence insaisissable.

---

1. *Lorenzaccio*, acte V, sc. 7.
2. *On ne badine pas avec l'amour*, acte II, sc. 5.

Se trouvent alors valorisés le regard porté sur le monde, et le rapport à l'Autre. Le moi s'exacerbe d'autant plus qu'il a besoin d'un point d'appui, faute de le trouver en lui-même. L'orgueil tombe alors dans le délire de l'*hubris*. Il devient tyrannique. Perdican s'impose comme héros romantique devant endosser la responsabilité d'un meurtre qui stérilise l'univers, accédant par là à une grandeur tragique, ironique et dérisoire. Le moi ne possède plus d'effet que dans la destruction. Désespoir d'être qui demeure au terme d'un procès qui a démontré l'inanité de toute conquête d'une identité inexistante, emblème du mal du siècle (conçu comme malheur de vivre dans l'enfer des autres, comme contrainte de la dépersonnalisation, comme incohérence du monde et du moi, du moi et du moi, comme détermination d'actes nécessairement manqués, comme renvoi permanent à la question du « qui suis-je ? », qui s'épuise dans sa propre tension…).

La position centrale du héros se prouve par la distribution des autres rôles. Perdican est pris entre son *alter ego* féminin, un avenir menaçant (le Baron), un passé leurre (Rosette). À cette décomposition rendue possible par la spécificité théâtrale, les récits de soi n'opposent pas une hétérogénéité narrative, mais ajoutent en les explicitant des constitutions de figures dont le héros a besoin pour tenter de se repérer.

Domination héroïque qui contribue à rendre le dialogue problématique et à lui substituer le monologue, soit effectivement, soit par recours à la tirade formellement adressée à un autre, mais plus sûrement expression d'un Je condamné à toujours se répéter, se contredire ou s'interroger. Aucune procédure théâtrale ne permet ici de synthétiser ces discours. Tout va par ricochets. Que les intentions débouchent sur la monstruosité [1] ne fait que

---

1. Hugo, dans la préface de *Cromwell* pose le grotesque comme l'ultime différence entre l'art moderne et l'art antique. Dans la pensée des modernes, il est présent partout. Il crée, d'une part, le difforme et l'horrible, d'autre part, le comique et le bouffon. Nous avions déjà

magnifier l'incohérence d'un théâtre représentant ici un monde référentiel privé de sens. De là l'importance des fantoches, effet de théâtralisation qui occupe la scène, tel un remplissage obligé, représentation d'une dissociation ontologique et historique.

De plus, la prolifération d'un langage tantôt mensonger, tantôt hyperbolique, le dénonce comme silence bruissant de mots. Le héros ne conserve plus alors son statut que parce qu'il dénonce cette inadéquation du langage aux choses et au sens : « Quel intérêt peut-elle avoir à inventer un roman pareil [1] », dit Perdican de Camille. On peut donc lui dénier sa prééminence alors même qu'il centralise l'univers théâtral. Perdican ne peut se construire théâtralement que dans son rapport à Camille, et s'inclure dans l'aliénation du couple. Il a besoin d'autrui, il nécessite un public. Être pris dans une structure mortelle de double destination, Perdican est un sujet enfermé dans l'illusion d'une valeur absolue, et il se retranche de la communauté alors même qu'il s'y débat. *On ne badine pas avec l'amour* annule la fondation du couple et renvoie les personnages à leur solitude.

Plus encore qu'un malaise, une maladie et un mal se mettent alors en scène : maladie du moi, maladie sociale, qui entraînent un stratagème effectivement maléfique. L'inutilité de toute entreprise de fondation du moi, de toute action rédemptrice, de toute protestation d'amour décline une désespérance [2] :

> Ce fut comme une dénégation de toutes choses du ciel et de la terre, qu'on peut nommer désenchantement, ou si l'on veut, *désespérance*, comme si l'humanité en léthargie avait

---

insisté sur le rôle des fantoches. Nous apercevons désormais la difformité dans l'écart entre les actes, leurs motivations et leurs résultats.

1. *On ne badine pas avec l'amour*, acte III, sc. 2.

2. Musset décrit ici le mal du siècle grâce à la notion de « désespérance ». Chateaubriand avait repris ce mot inusité : « Poète et prophète, il a traîné dans les forêts de Floride et sur les montagnes de Judée autant de désespérances, de tristesses et de passions que vous avez d'espoir, de joie et d'innocence. »

été crue morte par ceux qui lui tâtaient le pouls. De même que ce soldat à qui l'on demanda jadis : À quoi crois-tu ? Et qui le premier répondit : À moi ; ainsi la jeunesse de France, entendant cette question, répondit la première : À rien [1].

1. *La Confession d'un enfant du siècle*, GF-Flammarion, 1993, p. 37.

L'INFLUENCE DE GOETHE ET DE BYRON

Or, vers ce temps-là, deux poètes, les deux plus beaux génies du siècle après Napoléon, venaient de consacrer leur vie à rassembler tous les éléments d'angoisse et de douleurs épars dans l'univers. Goethe, le patriarche d'une littérature nouvelle, après avoir peint dans Werther[1] la passion qui mène au suicide, avait tracé dans son Faust la plus sombre figure humaine qui eût jamais représenté le mal et le malheur. Ses écrits, commencèrent alors à passer d'Allemagne en France.

Du fond de son cabinet d'étude, entouré de tableaux et de statues, riche, heureux et tranquille, il regardait venir à nous son œuvre de ténèbres avec un sourire paternel. Byron lui répondit par un cri de douleur qui fit tressaillir la Grèce, et suspendit Manfred sur les abîmes, comme si le néant eût été le mot de l'énigme hideuse dont il s'enveloppait.

Pardonnez-moi, ô grands poètes, qui êtes maintenant un peu de cendre et qui reposez sous la terre ; pardonnez-moi ! vous êtes des demi-dieux, et je ne suis qu'un enfant qui souffre. Mais en écrivant tout ceci, je ne puis m'empêcher de vous maudire. Que ne chantiez-vous le parfum des rieurs, les voix de la nature, l'espérance et l'amour, la vigne et le soleil, l'azur et la beauté ? Sans doute vous connaissiez la vie, et sans doute vous aviez souffert ; et le monde croulait autour de vous, et vous pleuriez sur ses ruines, et vous désespériez ; et vos maîtresses vous avaient trahis, et vos amis calomniés, et vos compatriotes méconnus ; et vous aviez le vide dans le cœur, la mort devant les yeux, et vous étiez des colosses de douleur. Mais dites-moi, vous, noble Goethe, n'y avait-il plus

---

1. Depuis *Les Souffrances du jeune Werther*, le retour au pays natal s'est installé comme un thème romantique. Perdican apparaît donc d'emblée occuper le rôle du héros romantique.

de voix consolatrice dans le murmure religieux de vos vieilles forêts d'Allemagne ? Vous pour qui la belle poésie était la sœur de la science, ne pouvaient-elles à elles deux trouver dans l'immortelle nature une plante salutaire pour le cœur de leur favori ? Vous qui étiez un panthéiste, un poète antique de la Grèce, un amant des formes sacrées, ne pouviez-vous mettre un peu de miel dans ces beaux vases que vous saviez faire, vous qui n'aviez qu'à sourire et à laisser les abeilles vous venir sur les lèvres ? Et toi, et toi, Byron, n'avais-tu pas près de Ravenne, sous tes orangers d'Italie, sous ton beau ciel vénitien, près de ta chère Adriatique, n'avais-tu pas ta bien-aimée ? Ô Dieu ! moi qui te parle, et qui ne suis qu'un faible enfant, j'ai connu peut-être des maux que tu n'as pas soufferts, et cependant je crois encore à l'espérance, et cependant je bénis Dieu [1].

Quand les idées anglaises et allemandes passèrent ainsi sur nos têtes, ce fut comme un dégoût morne et silencieux, suivi d'une convulsion terrible. Car formuler des idées générales, c'est changer le salpêtre en poudre, et la cervelle homérique du grand Goethe avait sucé, comme un alambic, toute la liqueur du fruit défendu. Ceux qui ne le lurent pas alors crurent n'en rien savoir. Pauvres créatures ! l'explosion les emporta comme des grains de poussière dans l'abîme du doute universel [2].

LE MOMENT ROMANTIQUE

Cet article intitulé « Un mot sur l'art moderne » fut publié dans la *Revue des Deux-Mondes* du 1er septembre 1833.

Il y a deux sortes de littérature : l'une, en dehors de la vie théâtrale, n'appartenant à aucun siècle ; l'autre, tenant au siècle qui la produit, résultant des circonstances, quelquefois mourant avec elles, et quelquefois les immortalisant. Ne vous

1. L'idée que Goethe a répondu par son œuvre à une époque particulière se retrouvera dans la définition du drame romantique, genre nouveau pour Musset, poésie de la modernité pour Hugo.
2. *La Confession d'un enfant du siècle*, p. 35-37.

semble-t-il pas que le siècle de Périclès, celui d'Auguste, celui de Louis XIV, se passent de main en main une belle statue, froide et majestueuse, trouvée dans les ruines du Parthénon ? Momie indestructible, Racine et Alfieri l'ont embaumée de puissants aromates ; et Schiller lui-même, ce prêtre exalté d'un autre dieu, n'a pas voulu mourir sans avoir bu sur ses épaules de marbre ce qui restait des baisers d'Euripide. Ne trouvez-vous pas, au contraire, que les hommes comme Juvénal, comme Shakespeare [1], comme Byron, tirent des entrailles de la terre où ils marchent, de la terre boueuse attachée à leurs sandales, une argile vivante et saignante, qu'ils pétrissent de leurs larges mains ? Ils promènent sur leurs contemporains leurs regards attristés, taillent un être à leur image, leur crient : Regardez-vous ! puis ensevelissent avec eux leur épouvantable effigie.

Or, maintenant, laquelle de ces deux routes voyons-nous qu'on suive aujourd'hui ? Il est facile de répondre qu'on n'a pas tenté la dernière. Nos théâtres portent les costumes des temps passés ; nos romans en parlent parfois la langue ; nos tableaux ont suivi la mode, et nos musiciens eux-mêmes pourraient finir par s'y soumettre. Où voit-on un peintre, un poète préoccupé de ce qui se passe, non pas à Venise ou à Cadix, mais à Paris, à droite et à gauche ? Que nous dit-on de nous dans les théâtres ? de nous dans les livres ? et j'allais dire, de nous dans le forum ? car Dieu sait de quoi parlent ceux qui ont la parole. Nous ne créons que des fantômes, ou si, pour nous distraire, nous regardons dans la rue, c'est pour y peindre un âne savant ou un artilleur de la garde nationale.

Reste donc la littérature théâtrale, je dirais presque la littérature immobile, celle qui ne s'inquiète ni des temps ni des lieux. Celle-là, nous l'avons tentée, et c'est ici que je m'arrête. Lorsqu'un siècle est mauvais, lorsqu'on vit dans un temps où il n'y a ni religion, ni morale, ni foi dans l'avenir, ni croyance au passé ; lorsqu'on écrit pour ce siècle, on peut braver toutes les règles, renverser toutes les statues ; on peut prendre pour dieu le mal et le malheur, on peut faire *Les Brigands* de Schiller, si l'on est Schiller par hasard, et

---

1. Pour Hugo, Shakespeare apparaît comme « la sommité poétique des temps modernes ». Celui qui mélange les genres, passant du grotesque au tragique, représente une nouvelle période littéraire : « Shakespeare, c'est le drame… » (préface de *Cromwell*).

répondre d'avance aux hommes qui vous jugeront un jour :
« Mon siècle était ainsi, je l'ai peint comme je l'ai trouvé. »
Mais quand il s'agit de distraire la multitude, lorsqu'en prenant la plume et en se frappant la tête on se donne pour but
d'amener à grands frais dans une salle de spectacle un public
blasé et indifférent, et là, de lui faire supporter deux heures
de gêne et d'attention, sans lui parler de lui, simplement avec
vos caprices, avec les rêves de vos nuits sans sommeil ; quand
on veut faire de l'art, à proprement parler, rien que de l'art,
comme on dit aujourd'hui, oh ! alors il faut songer deux fois
à ce que l'on va faire ; il faut songer surtout à cette belle
statue antique qui est encore sur son piédestal. Il faut se dire
que là où le motif qui vous guide la main n'est pas visible à
tous, actuel, irrécusable, la tête et le cœur répondent de la
main ; il faut savoir que, dès qu'un homme, en vous écoutant,
ne se dit pas : « J'en écrirais autant à sa place », il est en
droit de vous demander : « Pourquoi écrivez-vous cela ? »
Que lui répondrez-vous si votre fantaisie a des ailes de cire,
qui fondent au premier rayon du soleil[1] ?

Les règles sont tristes, je l'avoue ; et c'est parce qu'elles
sont tristes que la littérature théâtrale est morte aujourd'hui ;
c'est parce que nous n'avons plus Louis XIV à Versailles
qu'on ne joue plus *Athalie* ; c'est parce que César est mort
que nous ne lisons plus Virgile ; c'est parce que notre siècle
est l'antipode des grands siècles que nous brisons leur pâle
idole, et que nous la foulons aux pieds.

Mais que nous ayons voulu la remplacer, voilà la faute,
rien n'est si vite fait que des ruines[2] ; rien n'est si difficile
que de bâtir. Du jour où le public, ce sultan orgueilleux, a
répudié sa favorite, jetez le sérail à la mer ; à quoi servait de
venir lui montrer des Éthiopiennes difformes, et jusqu'à des
monstres mort-nés, pour exciter encore sa lubricité blasée ?
Les combats des taureaux mènent aux gladiateurs, et dans la
voie de la corruption, il n'y a qu'un pas du vice au crime.

---

1. Pour les romantiques, le théâtre doit représenter « tout ce qui
existe dans le monde, dans l'histoire, dans la vie, dans l'homme » (*ibid.*).
2. Les ruines abondent dans les paysages romantiques. On peut déce-
ler sur ce point l'influence du roman gothique (fin XVIIIe, début XIXe) :
vieux châteaux sombres dont les passages secrets conduisent parfois à
des oubliettes, abbayes et monastères reliés à des ruines hantées par
des fantômes…

Il faut la beauté à la littérature, à la peinture, à tous les arts, dès qu'ils s'éloignent de la vie, je veux dire de l'époque où ils vivent. Les portraits seuls ont le droit d'être laids.

Résignons-nous ; pourquoi la poésie [1] est-elle morte en France ? parce que les poètes sont en dehors de tout. *Athalie* était certainement du temps de Racine une œuvre de pure imagination, très en dehors du siècle ; mais *Athalie* était une œuvre religieuse, et le siècle était religieux. On pourrait dire aussi en passant que c'est un des chefs-d'œuvre de l'esprit humain ; mais cela pourrait choquer quelques personnes.

S'il y a une religion, il y a un art céleste au-dessus de l'art humain : qu'il y ait alors des écoles, des associations ; que le souffle de toutes les poitrines fasse vibrer cette belle harpe éolienne, suspendue d'un pôle à l'autre. Que tous les yeux se fixent sur le même point, et que ce point soit le triangle mystérieux, symbole de la divinité. Mais dans un siècle où il n'y a que l'homme, qu'on ferme les écoles, que la solitude plante son dieu d'argile sur son foyer ; – l'indépendance, voilà le dieu d'aujourd'hui (je ne dis pas la liberté) [2].

Il y a des gens qui vous disent que le siècle est préoccupé, qu'on ne lit plus rien, qu'on ne se soucie de rien. Napoléon était préoccupé, je pense, à la Bérésina ; il avait cependant son Ossian avec lui. Depuis quand la pensée ne peut-elle plus monter en croupe derrière l'action ? Depuis quand l'humanité ne va-t-elle plus au combat, comme Tyrtée, son épée d'une main, et sa lyre de l'autre ? Puisque le monde d'aujourd'hui a un corps, il a une âme ; c'est au poète à la comprendre, au lieu de la nier. C'est à lui de frapper sur les entrailles du colosse, comme Éblis sur celles du premier homme, en s'écriant comme l'archange tombé : « Ceci est à moi, le reste est à Dieu. »

Notre siècle apparemment n'est pas assez beau pour nous. Bon ou mauvais, je n'en sais rien ; mais beau, à coup sûr.

---

1. Hugo définit le drame comme la poésie moderne qui fond le grotesque et le sublime, le terrible et le bouffon, la tragédie et la comédie : « la vraie poésie, la poésie complète, est dans l'harmonie des contraires » (préface de *Cromwell*).

2. Le moment littéraire défini ici correspond à la situation sociale de la génération romantique : le passé n'est plus, l'avenir pas encore construit. Mais si le malaise s'empare des individus de manière irréductible, le drame romantique peut constituer le présent littéraire.

N'apercevez-vous pas de l'orient à l'occident ces deux déités gigantesques, couchées sur les ruines des temps passés ? L'une est immobile et silencieuse ; – d'une main elle tient le tronçon d'une épée, de l'autre elle presse sur sa poitrine sanglante les herbes salutaires qui ferment ses blessures. L'ange de l'espérance lui parle à l'oreille, et lui montre le ciel encore entr'ouvert ; le démon du désespoir creuse une tombe à ses pieds. Mais elle n'entend pas leurs paroles, et suspend son regard tranquille entre le ciel et la terre. Le fantôme du Christ est dans ses bras, il approche en vain de son sein ses lèvres décolorées ; elle le laisse expirer sur sa mamelle stérile ; son visage est beau, mais d'une beauté inanimée ; de ses épaules musculeuses vient de glisser un manteau d'or et de pourpre qui tombe dans l'immensité. Comme le sphinx d'Œdipe, elle repousse du pied les ossements des hommes qui ne l'ont pas comprise. – Son nom est la Raison.

L'autre est plus belle, mais plus triste. Tantôt elle se penche les yeux en pleurs sur un insecte qui se débat dans une goutte de rosée ; tantôt elle essuie ses paupières pour compter les grains de sable de la voie lactée. Dans sa main gauche est un livre où épelle un enfant ; dans sa droite, un levier dont l'extrémité repose sous l'axe du monde ; elle le soulève de temps en temps, et s'arrête en soupirant quand il est près de se briser. Alors elle s'incline sur la nuit éternelle ; un chant mélancolique flotte sur ses lèvres ; elle appuie sur son cœur la pointe d'une épée ; mais son épée ploie comme un roseau, et la nuit éternelle, ainsi qu'un miroir céleste, lui montre son image répétée partout dans l'infini. La pâleur de la mort est sur ses traits, et cependant elle ne peut mourir. Elle a reçu du serpent le fruit qui devait lui coûter la vie ; elle a bu à longs traits la ciguë ; elle est montée sur la croix du Golgotha, et cependant elle ne peut mourir. Elle a détourné la foudre ; elle a secoué dans la main de Lucifer la coupe de destruction, et elle en a recueilli chaque goutte sur la pointe d'un scalpel. Elle a empoisonné ses flèches dans le sang de Prométhée ; elle a soulevé comme Samson la colonne du temple éternel, pour s'anéantir avec lui en le brisant ; et cependant elle ne peut mourir. – L'intelligence est son nom.

LE DRAME ET LA TRAGÉDIE

Cet article intitulé « De la tragédie » fut publié dans la *Revue des Deux-Mondes* du 1ᵉʳ novembre 1838. Musset ne l'a pas repris, mais son frère l'a recueilli dans son édition des *Amis du poète*.

Le genre romantique, celui qui se passe des unités, existe [1] ; qu'il a ses maîtres et ses chefs-d'œuvre tout comme l'autre ; qu'il ouvre une voie immense à ses élèves ; qu'il procure des jouissances extrêmes à ses admirateurs, et enfin, qu'à l'heure qu'il est, il a pris pied chez nous et n'en sortira plus. Voilà ce qu'il est peut-être hardi, mais nécessaire de dire aux classiques ; car il y en aura toujours en France, de quelque nom qu'on les appelle. Nous avons quelque chose d'attique dans l'esprit, qui ne nous quittera jamais. Lors donc que les classiques de ce temps-ci assistent à un drame nouveau, ils se récrient et se révoltent, souvent avec justice, et ils s'imaginent voir la décadence de l'art ; ils se trompent. Ils voient de mauvaises pièces faites d'après les principes d'un art qui n'est pas le leur, qu'ils n'aiment pas et ne connaissent pas tous, mais qui est un art : il n'y a point là de décadence [2]. Je conviendrai tant qu'on voudra qu'on trouve aujourd'hui sur la scène les événements les plus invraisemblables entassés à plaisir les uns sur les autres, un luxe de décoration inouï et inutile, des acteurs qui crient à tue-tête, un bruit d'orchestre infernal, en un mot, des efforts monstrueux, désespérés, pour réveiller notre indifférence, et qui n'y peuvent réussir ; mais qu'importe ? Un méchant mélodrame bâti à l'imitation de Calderón ou de Shakespeare ne prouve rien de plus qu'une sotte

---

1. La tragédie classique respectait la règle des trois unités : une seule action se déroulant dans un lieu unique, dans un temps qui n'excède pas une journée. Musset caractérise le drame par le non-respect de ces mêmes unités. « La cage des unités ne renferme qu'un squelette » (Hugo, préface de *Cromwell*).
2. L'invention romantique du drame consiste à changer le système et non à l'amender. Le drame romantique se définit comme théâtre libre, mais cela ne signifie nullement l'absence de lois. Il récuse la tragédie parce qu'elle a cessé de plaire et que le décalage est devenu insurmontable entre le spectacle et le spectateur. Anachronique, la tragédie ne saurait convenir à l'époque.

tragédie cousue de lieux communs sur le patron de Corneille ou de Racine, et, si on me demandait auquel des deux je me résignerais le plus volontiers, en cas d'arrêt formel qui m'y condamnât, je crois que je choisirais le mélodrame. Qui oserait dire que ces deux noms de Shakespeare et de Calderón, puisque je viens de les citer, ne sont pas aussi glorieux que ceux de Sophocle et d'Euripide ?

Ceux-ci ont produit Racine et Corneille, ceux-là Goethe et Schiller. Les uns ont placé, pour ainsi dire, leur muse au centre d'un temple entouré d'un triple cercle ; les autres ont lancé leur génie à tire-d'aile et en toute liberté [1] : enfance de l'art, dit-on, barbarie ; mais avez-vous lu les œuvres de ces barbares ? *Hamlet* vaut *Oreste*, *Macbeth* vaut *Œdipe*, et je ne sais même ce qui vaut *Othello*. [...]

La tragédie est la représentation d'une action héroïque, c'est-à-dire qu'elle a un objet élevé, comme la mort d'un roi, l'acquisition d'un trône, et pour acteurs des rois, des héros ; son but est d'exciter la terreur et la pitié. Pour cela, elle doit nous montrer des hommes dans le péril et dans le malheur, dans un péril qui nous effraye, dans un malheur qui nous touche, et donner à cette imitation une apparence de vérité telle que nous nous laissions émouvoir jusqu'à la douleur. Pour parvenir à cette apparence de vérité, il faut qu'une seule action, pitoyable et terrible, se passe devant nous, dans un lieu qui ne change pas, en un espace de temps qui excède le moins possible la durée de la représentation, en sorte que nous puissions croire assister au fait même, et non à une imitation. Voilà les premiers principes de la tragédie, qui sont communs aux modernes et aux anciens.

L'homme, qu'il s'agit de nous montrer, tombe dans le péril ou le malheur par une cause, qui est *hors de lui*, ou *en lui-même : hors de lui*, c'est le destin, le devoir, la parenté, l'action de la nature et des hommes ; *en lui*, ce sont les passions, les vices, les vertus ; voilà la source de la différence des deux tragédies. Cette différence n'est pas le résultat d'un hasard ni d'une fantaisie ; elle a un motif simple et facile à dire.

Dans presque toutes les tragédies antiques, le malheur du principal personnage naissait d'une cause étrangère ; la fatalité y présidait ; cela devait être. Les poètes usaient de leurs

---

1. La liberté consiste dans le refus d'être restreint dans le choix du sujet, dans l'actualisation des préoccupations et des thèmes, dans la possibilité du mélange des genres.

moyens, et le dogme de la fatalité était la plus terrible comme la plus répandue des croyances populaires. Leurs théâtres contenaient dix mille spectateurs ; il s'agissait pour eux d'importer le prix, et ils se servaient, pour soulever les masses, du levier le plus sûr qu'ils eussent sous la main.

Qu'on examine seulement l'histoire des Atrides, qui a été le sujet de tant de tragédies : Agamemnon sacrifie sa fille parce que les dieux la lui ont demandée ; Clytemnestre tue son mari pour venger la mort de sa fille ; Oreste arrive, et égorge sa mère, parce qu'elle a tué Agamemnon ; mais Oreste lui-même est frappé du châtiment le plus horrible, il tombe en démence, les Furies le poursuivent, et vengent à leur tour Clytemnestre. Quel exemple, quelle recherche d'une fatalité aveugle, implacable ! Une pareille fable nous révolte ; il n'en était pas ainsi en Grèce ; ce qui ne nous semble qu'un jeu cruel du hasard, inventé à plaisir, était pour les Grecs un enseignement, car le hasard chez eux s'appelait le Destin, et c'était le plus puissant de leurs dieux. Ils apprenaient à se résigner et à souffrir, à devenir stoïciens, en assistant à des spectacles semblables [1]. [...]

C'est ainsi que les poètes antiques apprenaient aux hommes à se soumettre, à se courber sans murmurer devant la Destinée. Ils croyaient leur donner une leçon plus salutaire en leur montrant leurs semblables persécutés, accablés par un pouvoir injuste, capricieux, inexorable, qu'en faisant triompher la vertu aux dépens du vice, comme on en use aujourd'hui.

Mais ce qu'ils nommaient destin [2] ou fatalité n'existe plus pour nous. La religion chrétienne d'une part, et d'ailleurs la philosophie moderne, ont tout changé : il ne nous reste que la Providence et le hasard ; ni l'un ni l'autre ne sont tragiques. La Providence ne ferait que des dénouements heureux ; et quant au hasard si on le prend pour élément d'une pièce de théâtre, c'est précisément lui qui produit ces drames

---

1. Aristote avait défini ce phénomène comme la *catharsis,* la purgation des passions : voir des personnages de théâtre développer et réaliser leurs passions, souffrir avec eux, permet au spectateur de se libérer des siennes.

2. Le drame romantique correspond à une certaine époque. Le destin a disparu avec la tragédie. Il n'est plus pour Perdican que l'illusion d'une identité inexistante.

informes où les accidents se succèdent sans motif,
s'enchaînent sans avoir de lien, et se dénouent sans qu'on
sache pourquoi, sinon qu'il faut finir la pièce. Le hasard,
cessant d'être un dieu, n'est plus qu'un bateleur. Corneille
fut le premier qui s'aperçut de la distance qui, sous ce rapport, nous sépare des temps passés ; il vit que l'antique élément avait disparu, et il entreprit de le remplacer par un
autre. Ce fut alors qu'en lisant Aristote et en étudiant ses
principes, il remarqua que, si ce grand maître recommande
surtout la fatalité, il permet aussi au poète de peindre
l'homme conduit au malheur seulement par ses passions ; les
Anciens eux-mêmes l'avaient fait dans l'*Électre* et dans le
Thyeste. Corneille se saisit de cette source nouvelle ; à peine
eut-elle jailli devant lui qu'il la changea en fleuve ; il résolut
de montrer la passion aux prises avec le devoir, avec le malheur, avec les liens du sang, avec la religion ; la pièce espa-
gnole de Guilhem de Castro lui sembla la plus propre à
développer sa pensée ; il en fit une imitation qui est restée et
restera toujours comme un chef-d'œuvre ; puis, comme il
était aussi simple qu'il était grand, il écrivit une poétique,
afin de répandre le trésor qu'il avait trouvé, ce dont Racine
profita si bien. Par cette poétique, il consacra le principe
dont il était question tout à l'heure, c'est-à-dire de faire périr
le personnage intéressant par une cause qui est *en lui*, et non
hors de lui, comme chez les Grecs.

La passion est donc devenue la base, ou plutôt l'axe des
tragédies modernes. Au lieu de se mêler à l'intrigue pour la
compliquer et pour la nouer comme autrefois, elle est maintenant la cause première. Elle naît d'elle-même et tout vient
d'elle : une passion et un obstacle, voilà le résumé de presque
toutes nos pièces. Si Phèdre brûle pour Hippolyte, ce n'est
plus Vénus offensée qui la condamne au supplice de l'amour,
ce sont les entrailles d'une marâtre qui s'émeuvent à l'aspect
d'un beau jeune homme. La divinité n'intervient plus dans
nos fables ; nous n'avons plus de ces terribles prologues où
un dieu irrité sort d'un palais et appelle le malheur sur ceux
qui l'habitent ; Apollon et la Mort ne se disputent plus
Alceste ; Hercule ne vient plus la tirer de la tombe ; si nous
voulions faire un nouvel Œdipe, il n'exciterait que l'horreur
et le dégoût, car sa rencontre avec Laïus et son mariage avec
Jocaste, n'étant plus annoncés par un oracle, ne pouvant plus

amener la peste après eux, ne seraient plus que de hideuses débauches d'imagination ; chez nous, l'homme est seul, et ses vices, ses vertus, ses crimes lui appartiennent. J'ai déjà dit que je ne pourrais entrer ici dans les subdivisions, ni parler, par conséquent, de la tragédie pathétique ou morale, simple ou implexe, des révolutions, des reconnaissances, ni des combinaisons qui résultent, chez les Anciens comme chez les Modernes, du mélange des deux systèmes. Au risque d'être repris justement, je ne puis m'occuper des exceptions.

Voici maintenant ce qui arriva : Corneille ayant établi que la passion était l'élément de la tragédie, Racine survint qui déclara que la tragédie pouvait n'être simplement que le développement de la passion. Cette doctrine semble, au premier abord, ne rien changer aux choses ; cependant elle change tout, car elle détruit l'action. La passion qui rencontre un obstacle et qui agit pour le renverser, soit qu'elle triomphe ou succombe, est un spectacle animé, vivant ; du premier obstacle en naît un second, souvent un troisième, puis une catastrophe, et, au milieu de ces nœuds qui l'enveloppent, l'homme qui se débat pour arriver à son but peut inspirer terreur et pitié ; mais, si la passion n'est plus aux prises qu'avec elle-même, qu'arrive-t-il ? une fable languissante, un intérêt faible, de longs discours, des détails fins, de curieuses recherches sur le cœur humain, des héros comme Pyrrhus, comme Titus, comme Xipharès, de beaux parleurs, en un mot, et de belle discoureuses qui content leurs peines au parterre ; voilà ce qu'avec un génie admirable, un style divin et un art infini, Racine introduisit sur la scène. Il a fait des chefs-d'œuvre sans doute, mais il nous a laissé une détestable école de bavardage, et, personne ne pouvant parler comme lui, ses successeurs ont endormi tout le monde.

Faut-il lui en faire un reproche, et pouvait-il faire autrement ? Ceci mérite qu'on l'examine, car c'est là qu'on peut trouver la différence de son temps au nôtre, et par conséquent les motifs qui doivent nous faire tenter une autre voie. [...] Quel que soit donc notre respect pour les écrivains du grand siècle, nous sommes dans d'autres conditions qu'eux ; nous devons faire autre chose que ce qu'ils ont fait ; mais quoi ? c'est là la question.

CHRONOLOGIE

	REPÈRES HISTORIQUES ET CULTURELS	VIE ET ŒUVRE DE MUSSET
1810	Code pénal. Mariage de Napoléon et de Marie-Louise. Naissance de Chopin.	Naissance le 11 décembre à Paris de Louis-Charles-Alfred de Musset, fils de Victor-Donatien de Musset-Pathay et d'Edmée-Claudette Guyot-Desherbiers. Le jeune Alfred a une enfance choyée.
1811	Naissance de Théophile Gautier.	
1812	Campagne de Russie.	
1813	Campagne d'Allemagne et défaite de Leipzig.	
1814	Déchéance de Napoléon et abdication. Avènement de Louis XVIII, première Restauration. Ingres, *La Grande Odalisque.*	
1815	Les Cent-Jours. Waterloo. Abdication de Napoléon. Retour de Louis XVIII, seconde Restauration.	
1816	Constant, *Adolphe.*	
1817	Mort de Mme de Staël, ouvrage posthume : *Considérations sur la Révolution française.*	
1818	Naissance de Leconte de Lisle.	
1819	Géricault, *Le Radeau de la Méduse.* Fondation du *Conservateur littéraire.* Naissance d'Offenbach.	Il entre au collège royal Henri IV. Au cours de sa scolarité, il brille par la composition de vers latins.
1820	Lamartine, *Méditations poétiques.*	
1821	Mort de Napoléon.	

1822	Alfred de Vigny, *Poèmes*. Delacroix, *La Barque de Dante*. Naissance d'Edmond de Goncourt.
1823	Création de *La Muse française*. Lamartine, *Nouvelles Méditations*. Stendhal, premier *Racine et Shakespeare*.
1824	Mort de Louis XVIII, Charles X lui succède. Delacroix, *Les Massacres de Scio*. Naissance d'Alexandre Dumas fils. Mort de Géricault. — Premier poème : *À ma mère*.
1825	Stendhal, second *Racine et Shakespeare*. Mort de Saint-Simon et de David.
1826	Vigny, *Poèmes antiques et modernes* (réédition des *Poèmes* de 1822) – *Cinq-Mars*. — *À Mlle Zoé Le Douairin*.
1827	Succès des libéraux aux élections. Delacroix, *Sardanapale*. Stendhal, *Armance*. — *La Nuit*.
1828	Berlioz, *La Symphonie fantastique*. Naissance de Taine et de Jules Verne. Premières publications, dont *L'Anglais mangeur d'opium*, d'après Thomas de Quincey. — Il commence des études de droit, puis de médecine. À l'automne, il fait son entrée dans les milieux littéraires parisiens. Paul Foucher, beau-frère de Victor Hugo, le présente au chef de l'école romantique.

	REPÈRES HISTORIQUES ET CULTURELS	VIE ET ŒUVRE DE MUSSET
1829	Balzac, *Les Chouans*. Fondation de la *Revue des Deux-Mondes*.	Premier recueil poétique : *Contes d'Espagne et d'Italie*.
1830	Révolution de Juillet. Abdication de Charles X. Avènement de Louis-Philippe. Début de la monarchie de Juillet. Stendhal, *Le Rouge et le Noir*. Mort de Benjamin Constant. Naissance de Pissarro. *La Quittance du diable*.	Il participe vraisemblablement aux journées de juillet qui voient la chute de Charles X. En décembre, échec à l'Odéon de *La Nuit vénitienne ou les Noces de Laurette*. La pièce est publiée dans la *Revue de Paris*.
1831	Balzac, *La Peau de chagrin*. Comte commence son *Cours de philosophie positive* (jusqu'en 1842).	Publication dans *Le Temps* des « Revues fantastiques ».
1832	Émeutes à Paris. Encyclique *Mirari Vos* contre le catholicisme libéral. Naissance de Manet et de Vallès.	Son père meurt du choléra. Musset décide de vivre de sa plume. Il se brouille avec Hugo. *Un spectacle dans un fauteuil* I.
1833	Balzac, *Eugénie Grandet*.	Il commence à collaborer à la *Revue des Deux-Mondes* ; il rencontre en juin George Sand à une réception offerte par Buloz, directeur de la revue, et devient son amant à la fin de l'été. En décembre, ils partent pour Venise. *André del Sarto. Les Caprices de Marianne. Rolla.*
1834	Émeutes à Paris et à Lyon.	Il tombe malade à Venise et découvre la liaison de

	Stendhal entreprend *Lucien Leuwen*. Delacroix, *Femmes d'Alger*. Naissance de Degas. *Fantasio. On ne badine pas avec l'amour.*	George Sand avec son médecin. Il rentre à Paris, où il revoit la maîtresse infidèle. Leur liaison reprend, suivie d'une nouvelle rupture. Deuxième livraison d'*Un spectacle dans un fauteuil*, comprenant *Lorenzaccio*, commencé en 1833.
1835	Balzac, *Le Père Goriot*. Alexis de Tocqueville, *De la démocratie en Amérique*.	Sand renoue le « lien fatal » avec Musset, puis prend l'initiative d'une rupture, définitive cette fois. Musset entretient une liaison avec Mme Jaubert, épouse d'un magistrat. *La Nuit de mai. La Quenouille de Barberine. Le Chandelier. La Nuit de décembre.*
1836	Balzac, *Le Lys dans la vallée*. Mort de Rouget de Lisle.	Liaison avec une jeune actrice, Louise Lebrun. *La Confession d'un enfant du siècle. Lettre à M. de Lamartine. Il ne faut jurer de rien. La Nuit d'août. Lettres de Dupuis et Cotonet. À la Malibran.*
1837	Balzac, *César Birotteau* – début des *Illusions perdues*. Naissance de Bizet et de Fourier.	Liaison avec une cousine de Mme Jaubert, qui épousera plus tard Paul, le frère de Musset. *Un caprice. Emmeline. La Nuit d'octobre. Les Deux Maîtresses.*
1838	Balzac, début de *Splendeurs et misères des courtisanes*. Naissance de Villiers de l'Isle-Adam.	Il est nommé conservateur à la bibliothèque du ministère de l'Intérieur. *Frédéric et Bernerette. L'Espoir en Dieu. Le Fils du Titien.*

	REPÈRES HISTORIQUES ET CULTURELS	VIE ET ŒUVRE DE MUSSET
		Dupont et Durand. Margot. De la tragédie. « Reprise de *Bajazet* », sur les débuts de Rachel au Théâtre-Français.
1839	Stendhal, *La Chartreuse de Parme.* Lamartine, *Recueillements poétiques.* Naissance de Cézanne et de Sully-Prudhomme.	Il courtise sans succès la sœur de la cantatrice la Malibran. Liaison avec Rachel, puis rupture. *Croisille.*
1840	Proudhon, *Qu'est-ce que la propriété ?* Mérimée, *Colomba.* Naissance de Daudet, de Zola, de Monet, de Rodin.	Musset tombe gravement malade. Après sa guérison, il mène une existence triste. Première édition des *Poésies complètes* et des *Comédies et Proverbes.* *Une soirée perdue. Tristesse.*
1841	Naissance de Renoir.	*Souvenir.*
1842	Eugène Sue, *Les Mystères de Paris.* Naissance de Mallarmé, de Hérédia. Mort de Stendhal.	Il tente de renouer avec Aimée, la cousine de Mme Jaubert, et courtise en vain la princesse Belgiojoso. *Sur la paresse. Histoire d'un merle blanc. Après une lecture.*
1843	Wagner, *Le Vaisseau fantôme.* Mort de Delavigne.	Nouvelle maladie, due à l'alcool. Réconciliation avec Hugo et avec Rachel.
1844	Dumas, *Les Trois Mousquetaires – Le Comte de Monte-Cristo* (jusqu'en 1845). Chateaubriand, *Vie de Rancé.*	Il est de nouveau gravement malade. Contes : *Pierre et Camille. Le Secret de Javotte. Les Frères Van Buck.*

	Naissance de Verlaine et d'Anatole France.	
1845	Dumas, *Vingt ans après*.	Musset est victime d'une fluxion de poitrine. Il reçoit la Légion d'honneur au mois d'avril. *Il faut qu'une porte soit ouverte ou fermée. Mimi Pinson.*
1846	Crise économique. Troubles à Paris. Proudhon, *Philosophie de la misère*. Balzac, *La Cousine Bette*. Sand, *La Mare au diable*. Berlioz, *La Damnation de Faust*.	
1847	Balzac, *Le Cousin Pons*.	Première représentation d'*Un caprice*, à la Comédie-Française. C'est un succès. Musset n'avait jamais été joué à la scène depuis l'échec de *La Nuit vénitienne* en 1830.
1848	Révolution de février. Seconde République (jusqu'en 1850). Chateaubriand, *Mémoires d'outre-tombe*. Dumas, *Le Vicomte de Bragelonne* (jusqu'en 1850). Alexandre Dumas fils, *La Dame aux camélias*. Marx et Engels, *Manifeste du parti communiste*. Mort de Chateaubriand.	Après la chute de Louis-Philippe, Musset perd son poste de bibliothécaire. Liaison avec l'actrice Allan-Despréaux, qui avait créé *Un caprice*. Représentation du *Chandelier* au Théâtre Historique et d'*André del Sarto* à la Comédie-Française (un échec).
1849	Sand, *La Petite Fadette*.	Amitié amoureuse avec l'actrice Augustine Brohan.

	REPÈRES HISTORIQUES ET CULTURELS	VIE ET ŒUVRE DE MUSSET
1850	Sand, *François le Champi*. Naissance de Maupassant, de Loti, de Van Gogh. Mort de Balzac.	Première représentation de *Louison* et de *On ne saurait penser à tout*. *Carmosine*.
1851	Coup d'État du 2 décembre. Eugène Labiche, *Un chapeau de paille d'Italie*. Jules Barbey d'Aurevilly, *Une vieille maîtresse*. Verdi, *Rigoletto*.	*Bettine*, mise en scène par le Gymnase, puis publiée. La Comédie-Française monte *Les Caprices de Marianne*.
1852	Proclamation de l'Empire.	Élection à l'Académie française, après deux échecs en 1848 et 1850. Liaison avec Louise Colet, maîtresse de Flaubert. Publication des poésies dans leur classement définitif : *Premières Poésies* (1829-1835) et *Poésies nouvelles* (1836-1852).
1853	Nerval, *Sylvie*.	Il est nommé bibliothécaire au ministère de l'Instruction publique. Nouvelle édition des *Comédies et Proverbes*. *La Mouche*.
1854	Nerval, *Les Filles du feu*, *Les Chimères*. Sand, *Histoire de ma vie* (jusqu'en 1855). Naissance de Rimbaud. Mort de Lamennais.	Il n'écrit pratiquement plus et ne cesse de boire.

1855	Nerval, *Aurélia*. Mort de Nerval. Naissance de Verhaeren.	
1856	Flaubert, *Madame Bovary* (1re éd.).	
1857	Baudelaire, *Les Fleurs du mal*, procès. Procès de *Madame Bovary*. Gautier, *Le Roman de la momie*. Mort de Béranger, de Comte, de Sue.	Il meurt le 2 mai. Une trentaine de personnes accompagnent son cercueil au Père-Lachaise.
1858		Publication de *L'Âne et le Ruisseau*, composé pour la cour impériale en 1855.
1861		Première représentation de *On ne badine pas avec l'amour*, à la Comédie-Française.
1865		Représentation de *Fantasio* à la Comédie-Française.
1896		Première représentation de *Lorenzaccio* au Théâtre Sarah-Bernhardt, dans une version mutilée, avec Sarah Bernhardt dans le rôle-titre.

BIBLIOGRAPHIE

ÉDITIONS

MUSSET Alfred DE, *On ne badine pas avec l'amour*, éd. P.-G. Castex, SEDES, 1979.

MUSSET Alfred DE, *Lorenzaccio, On ne badine pas avec l'amour et autres pièces*, éd. B. Masson, GF-Flammarion, 1988.

MUSSET Alfred DE, *Théâtre complet*, éd. S. Jeune, « Bibliothèque de la Pléiade », Gallimard, 1990.

SUR ALFRED DE MUSSET

ALLEM Maurice, *Alfred de Musset*, Arthaud, 1948.

BÉNICHOU Paul, « Alfred de Musset » dans *Romantisme français, 2 : L'École du désenchantement* [1992], Gallimard, « Quarto », 2004.

CASTAGNÈS Gilles, *Les Femmes et l'esthétique de la féminité dans l'œuvre d'Alfred de Musset*, Bern, Lang, 2004.

CHARTON Ariane, *Alfred de Musset*, Gallimard, « Folio », 2010.

CHOTARD Loïc, GUYAUX André, JOURDE Pierre et TORTONESE Paolo, *Alfred de Musset,* Presses de l'université Paris-Sorbonne, « Mémoire de la critique », 1995.

DUCHET Claude, « Musset et la politique. Formation des idées et des thèmes : 1823-1833 », *Revue des sciences humaines*, n° 108, oct.-déc.1962.

GASTINEL Pierre, *Le Romantisme d'Alfred de Musset*, Hachette, 1978.

GODO Emmanuel, *Une grâce obstinée, Musset*, Cerf, 2010.

GUYAUX André et LESTRINGANT Frank (dir.), *Fortunes de Musset*, Classiques Garnier, 2011.

HEYVAERT Alain, *La Transparence et l'indicible dans l'œuvre d'Alfred de Musset*, Klincksieck, 1994.

HEYVAERT Alain, *L'Esthétique de Musset*, SEDES, 1996.

JEUNE Simon, *Musset et sa fortune littéraire*, Guy Ducros, « Tels qu'en eux-mêmes », 1970.

LAINEY Yves, *Musset ou la Difficulté d'aimer*, SEDES-CDU, 1978.

LEDDA Sylvain, *Alfred de Musset : les fantaisies d'un enfant du siècle*, Gallimard, « Découvertes », 2010.

LEDDA Sylvain, *L'Éventail et le Dandy. Essai sur Musset et la fantaisie*, Genève, Droz, 2012.

LEDDA Sylvain, présentation de *Territoires de Musset* (actes du colloque de Vendôme, 2010), *Bulletin de la Société archéologique du Vendômois*, 2010.

LEDDA Sylvain, LESTRINGANT Frank et SÉGINGER Gisèle, *Poétique de Musset* (actes de la décade de Cerisy-la-Salle, août 2010), Rouen, Presses de l'université de Rouen et du Havre, 2013.

LESTRINGANT Frank, *Alfred de Musset*, Flammarion, 1998.

PONZETTO Valentina, *Musset ou la nostalgie libertine*, Genève, Droz, 2007.

SÉGINGER Gisèle, « "Tout est mort, tout vit". Musset-Nerval : la double figure d'une génération », *Romantisme*, n° 147, 2010.

VAN TIEGHEM Philippe, *Musset, l'homme et l'œuvre* [1942], Hatier, 1969.

SUR LE THÉÂTRE D'ALFRED DE MUSSET

BEDNER Jules, « Sur les intrigues du théâtre de Musset », *Revue des sciences humaines*, n° 162, 1976.

BRUN Auguste, *Deux Proses de théâtre, drame romantique, comédies et proverbes*, Gap, Ophrys, 1954.

CASTAGNÈS Gilles, « Approches sémiologiques du "Nom" : les personnages féminins dans l'œuvre de Musset », *Romantisme*, n° 123, 2004.

CZYBA Lucette, « L'idéologie de la femme dans le théâtre de Musset », *Europe*, nov.-déc. 1977.

FRYCER Jaroslav, « L'œuvre dramatique d'Alfred de Musset », *Études romanes*, vol. 3, 1967, p. 85-166.

GANS Éric L., *Musset et le drame tragique. Essai d'analyse paradoxale*, Corti, 1974.

GOSCHBERG Herbert, *Stage of Dreams. The Dramatic Art of Alfred de Musset*, Genève, Droz, 1967.

LAFOSCADE Léon, *Le Théâtre d'Alfred de Musset* [1901], Genève, Slatkine, 1973.

LEDDA Sylvain, « Théâtre lu, théâtre vu : Musset face à ses juges (1830-1851) », dans *Le Miel et le fiel : la critique théâtrale en France au XIXe siècle*, dir. Mariane Bury et Hélène Laplace-Claverie, Presses universitaires de Paris-Sorbonne, 2008.

LEFEBVRE Henri, *Alfred de Musset dramaturge*, L'Arche, 1955.

MASCLET Virginie, *La Parole dans le théâtre de Musset*, Atelier national de reproduction des thèses, 2007 (thèse soutenue en Sorbonne le 11 décembre 2004, sous la dir. du Pr. Bertrand Marchal).

MASSON Bernard, « Le masque, le double et la personne dans quelques *Comédies et Proverbes* », *Revue des sciences humaines*, n° 108, oct.-déc. 1962.

MASSON Bernard, *Théâtre et langage. Essai sur le dialogue dans les comédies de Musset*, Minard, 1977.

NEISS Benoît, « Labyrinthe réel et labyrinthe imaginaire. Réflexions sur le décor dans le théâtre de Musset », Strasbourg, *Travaux de linguistique et de littérature*, XXV, n° 2, 1987.

POMMIER Jean, *Variétés sur Alfred de Musset et son théâtre*, Nizet, 1944.

TONGE Frederick, *L'Art du dialogue dans les comédies en prose d'Alfred de Musset*, Nizet, 1967.

SUR *ON NE BADINE PAS AVEC L'AMOUR*

Alfred de Musset. Lorenzaccio. On ne badine pas avec l'amour, actes de la journée d'études organisée par la Société des études romantiques et dix-neuvièmistes, SEDES/CDU, 1991.

HAMILTON James F., « From Ricochets to Jeu in Musset's *On ne badine pas avec l'amour* : a Game Analysis », *French Review*, mai 1985, 58 (6).

JEUNE Simon, « *On ne badine pas avec l'amour* et sa source impure », *Revue d'histoire du théâtre*, 1966, n° 2.

LEDDA Sylvain (textes réunis par), *Lectures de Musset : « On ne badine pas avec l'amour », « Il ne faut jurer de rien », « Il faut qu'une porte soit ouverte ou fermée »*, Rennes, Presses universitaires de Rennes, 2012.

LEDDA Sylvain, *Musset, ou le Ravissement du proverbe. On ne badine pas avec l'amour, Il ne faut jurer de rien, Il faut qu'une porte soit ouverte ou fermée*, PUF, 2012.

LÉVY Muriel, « Marivaux et Musset », *Revue des sciences humaines*, avril-juin 1973.

MARCHAL Sophie, « *On ne badine pas avec l'amour* », Bertrand-Lacoste, « Parcours de lecture », 1994.

MAUZI Robert, « Les fantoches d'Alfred de Musset », *Revue d'histoire littéraire de la France*, avril-juin 1966.

PERRIN-NAFFAKH Anne-Marie, « De la convention à l'émotion : le dialogue de Perdican et Rosette », *L'Information grammaticale*, n° 49, 1991.

PINON Esther, « Perdican et "la fleur nommée héliotrope" : ridicule et sacré du classicisme au romantisme », *Littératures*, n° 61, 2009.

SAINT-GÉRAND Jacques-Philippe, « On ne badine pas avec... les pronoms », *L'Information grammaticale*, 1991, 49, p. 23-29.

SICES David « Multiplicity and Integrity in *On ne badine avec l'amour* », *French Review*, février 1970, 43 (3).

VIAL André, « À propos d'*On ne badine pas avec l'amour* ; complément à l'étude d'une genèse littéraire », *Revue des sciences humaines*, n° 101, janv.-mars 1961.

SUR LE THÉÂTRE ROMANTIQUE

BERTHIER Patrick, *Le Théâtre français du XIXᵉ siècle*, PUF, « Que sais-je », 1986.

GENGEMBRE Gérard, *Le Théâtre français au XIXᵉ siècle*, Armand Colin, « U », 1999.

LAPLACE-CLAVERIE Hélène, LEDDA Sylvain et NAUGRETTE Florence (dir.), *Le Théâtre français du XIXᵉ siècle, anthologie*, L'Avant-Scène Théâtre, 2008.

NAUGRETTE Florence, *Le Théâtre romantique. Histoire, écriture, mise en scène* [2001], Le Seuil, 2012.

SUR LE GENRE DU PROVERBE

BASCHET Robert, « Vitet, Mérimée, Leclercq et Musset », *Revue des sciences humaines*, n° 108, oct.-déc. 1962.

BERETTA Alain, « L'évolution d'un genre dramatique. Le proverbe de Carmontelle à Musset », *Ruptures et continuités. Des Lumières au symbolisme*, actes du colloque de Besançon des 18-20 décembre 2002, recueillis par France Marchel-Ninosque, Presses universitaires de Nancy, 2004.

BRENNER Clarence D., *Le Développement du proverbe dramatique en France et sa vogue au XVIIIᵉ siècle*, Berkeley and Los Angeles, University of California Press, vol. 20, n° 1, 1937.

LUCE Louise Fiber, « The Mask of Language in Alfred de Musset's Proverbs », *Romance Notes*, printemps, 1977.

PONZETTO Valentina, « Les proverbes de Musset, de la *Revue des Deux Mondes* au succès théâtral », *Cahiers de l'Association internationale des études françaises*, n° 64, 2012.

SHAW Marjorie, « Deux essais sur les comédies de Musset », *Revue des sciences humaines*, janv.-mars 1959.

TABLE

On ne badine pas avec l'amour

Mise en page par Meta-systems
59100 Roubaix

N° d'édition : L.01EHPN000706.C002
Dépôt légal : février 2015
Imprimé en Espagne par Novoprint (Barcelone)